JN133949

保育の
まなざし

子どもをまるごととらえる
現象学の視点

中田基昭 編著
篠瀬はるか・鈴木志織・加藤優花 著

新曜社

はじめに——課題と方法

中田基昭

本書は、幼稚園における子どもたちのあり方を、日常的に繰り返されている彼らの現実的で具体的な保育場面で生じていることに基づいて、明らかにすることをめざしている。以下の各章では、ある幼稚園で生じている出来事を事例として取り挙げ、それぞれの事例で生じていることを、哲学の一領域である現象学の観点から探っている。すなわち本書は、現象学における人間の捉え方を理論的背景とした、事例研究である。本書の各章の著者は、それぞれ一年半にわたり、定期的にある幼稚園のある保育者のクラスでビデオ撮影をしながら、参与観察を行なった。

本書が事例研究という方法論を採用したのは、平均的で一般的な成果をめざす従来の研究では十分に捉えることのできない、一人ひとりの子どものあり方を明らかにすることがこの方法においては可能となるからである。たしかに、一般的な発達心理学に依拠すれば、平均的な子どもの発達水準を知ることはできるであろう。しかし実際には、同じ年齢であっても、また同じ子どもであってさえも、子どものそのつどのあり方はかなり異なっている。それゆえ教育実践の現場では、子どものそのつどの状態を、その子どもが生きている状況に即して捉える必要があり、個々の子どもの個別的なあり方が重視されている。発達心理学によって示された平均的な子どもの姿は、個々の子どもを捉える際の大まかな目安にはなるかもしれないが、こうした目安からは、当の子どものその時々の現実的で具体的なあり方は捉えられないのである。こうしたことから、本書では、子ども一人ひとりの中でその時々に生じていることを、事例研究として解明していく。

このような現実的で具体的な、個々の教育実践にとって意義をそなえている事例研究をするにあたり、本書においては、現象学を理論的背景としている。というのは、現象学で思索されるのは、「意識の諸現象や諸様態や諸形態」（Binswanger, 1947, S.21／22頁以下）だからである。つまり、現象学は、人間の意識の中で生じていることを解明する学問だからである。

現象学に基づいて現実的で具体的な一人ひとりの様態や形態に即して人間のあり方を解明することができるのは、本書でもしばしば引用されるフランスの現象学者であるメルロ－ポンティによれば、そもそも現象学は次のような学問だからである。すなわち、現象学に基づいて人間を研究する際には、人間という研究「対象を〔それが〕生まれたままの状態で、その対象がかつて包まれていた意味の雰囲気と共に、その対象を生きる者にそれが現われるままの姿で捉える」ために、「その雰囲気の中に自らすべり込み、散乱した諸事実……の背後に……主体の全存在を……見いだそうとする」（Merleau-Ponty, 1945, pp.140-141／２０５頁）ことが課題となるからである。このことを幼児教育研究の場合におきかえれば、そのあり方が研究対象となっている当の子どもにとって、その時々の他者関係や状況や出来事等がどのように現われているのかということを、それらの現われのままに捉えることが課題となる、ということになる。それゆえ、現象学に基づいて子どもを捉えるならば、その子どもを取り巻いている雰囲気の中に自らも入り込むことで、その子どもにとってその時々に生じているすべての現われを、その子どもの全存在もろともに捉えることができることになる。つまり研究する者自身も、当の子どもを取り巻いている雰囲気の中に入り込みながら、さまざまな諸事実の背後にあるがゆえに、現象学に依拠するまでは隠されていた、当の子どもの中で生じていることを明らかにすることができるのである。

しかし一方で、個別的な子どものあり方を捉えるために、いわゆる一般的な子どものあり方を完全に無視することは許されない、ということも否定されえないであろう。というのは、ある特定の子どもとその子どもにおいて生じていること、およびそこから導かれる何らかの解釈が、他の保育実践と全く共通点を見出せないならば、そうした保育研究は学問として成立しえないからである。こうした懸念から、個別的な研究の典型である事例研究においても、やはり何らかの一般性が求められざるをえないのである。

このことを現象学的精神病理学者である木村は、「具体の底に一般を見、……個別が一般を含む……立場に立たぬ限り、……人間的現象を的確に把握……できぬ」（木村 1975、115頁）と表現している。つまり木村は、個別が何らかの意味で一般的なことを含んでいなければ、人間に関わる現象を本当に理解することができない、とみなしている。

では、木村によれば、個別が一般的なものを含むということがどのようにして可能となるのだろうか。この可能性を実現するために、木村は独特の見解を示している。つまり、「個の中に深く沈潜することによって個別化の極限において個を超える」（同所）、と。ある特定の人間の中に深く沈潜することによって、その人間に個別的な事柄を超えることができる場合には、個別化の極限に何らかの本質が見出されうるようになる、個別の極限にまで入り込むことで、むしろ人間の本質に関わる普遍的なものが見えてくる、ということを木村は示しているのである。本書も、個別的な事例に基づきつつも、個別的な事例の根底にある本質的なものを、現実の個々の保育を支えている普遍性として明らかにしたい。そして、こうした普遍性にいかにして迫るかについては、各章でそれらの章の課題と方法に即して明らかにしていきたい。

以上に述べたような課題と方法を追究する本書の各章の内容と担当者の役割は、以下のとおりである。

本書は三つの章からなる。

第1章では、幼児の成長にとってかなり重要な機能を果たしている模倣と真似とを区別することにより、一見すると模倣ほどには豊かなあり方とはみなされていないと思われる真似が、保育においては豊かで多様なあり方に支えられている場合のあることを探っている。

第2章では、保育の各場面で活き活きと活動している子どもの事例に基づき、そうした子どものあり方の根底に潜んでいる普遍的な本質を探る。

第3章では、第2章とは対照的に、そのつどの保育場面で自らの課題を見つけられないまま、表情や活動に生気が感じられないため、その時の子どもの意識があたかも「まどろんでいる」と表現されうるような時の子どものあり方の根底に潜んでいる、普遍的な本質を探る。

本書の各章は、第一著者である各分担執筆者自身が、ある幼稚園での参与観察に基づき、岡崎女子大学に2017年と2018年にそれぞれ提出した、以下に記す卒業論文を、本書の出版のために、大幅に加筆・修正したものである。
第1章：篠瀬はるか「園生活における真似の多様性」2017年1月提出
第2章：鈴木志織「活き活きとしたあり方の根拠の解明」2018年1月提出
第3章：加藤優花「活発な意識とまどろんでいる意識」2018年1月提出

各卒業論文においては、ドイツ語とフランス語の著作からの引用に際しては、邦訳書からなされていた。しかし、本書の出版に際しては、各章における訳語の統一等の観点から、編者である中田が、第二著者として、ドイツ語とフランス語の原典から邦訳をしたうえで、各第一著者に確認してもらった訳を使用することにした。そのため、邦訳書のあるものについては、引用文の後の（）内で、ドイツ語やフランス語の原典の頁数と邦訳書の頁数を併記することにした。

なお、本書では、事例の記述や解釈に際して、子どもや保育者の名前等はすべて仮名かアルファベットにした。また、参与観察の一年目は20×0年と、二年目は20×1年と表記する。子どもと保育者の発言や引用文中に筆者が補足する場合は〔〕を使用する。

謝　辞

本書の出版にあたり、編者と各章の執筆者がそれぞれ一年半にわたり定期的に参与観察をさせていただき、さらにはその成果を出版することを快諾してくださった、幼稚園の園長先生と園長補佐の先生、さらには参与観察をさせていただいたクラスの担任の先生方に、心より感謝の言葉を述べさせていただきたい。先生方のおかげで、日常的に行なわれているありのままの保育における先生方と子どもたちの保育実践に潜んでいる豊かで深い本質の一部を、本書でいくらかでも明らかにさせていただくことができた。そして、こうした成果を出版できたのも、なによりも参与観察をさせていただいた子どもたちのおかげです。この場をお借りして、執筆者一同感謝の言葉を述べさせていただきます。

最後になりましたが、『家族と暮らせない子どもたち』（中田基昭編著　２０１１年）と『遊びのリアリティー』（中田基昭編著　２０１６年）に引き続いて本書の刊行をお引き受けくださった新曜社代表取締役社長塩浦暲さんには心より感謝の意を表したいと思います。しかも塩浦さんには、これまでの2冊と同様、自ら編集の労をとってくださり、しかも今回はかなりの箇所に修正や補足等の言葉や文章を書き加えていただきました。筆者と読者との仲立ちをしてくださる編集者のおかげで、私たちがこの本でめざした、子どもたちの豊かなあり方をいくらかでも読者の方々にお伝えすることができたとしたならば、ひとえに塩浦さんのご尽力のたまものと、感謝しております。この場をお借りして、私たち四人を代表して感謝の言葉を述べさせていただきます。

2019年3月

編著者

目　次

装幀＝新曜社デザイン室

第1章　真似の多様性

篠瀬はるか・中田基昭

はじめに

「はじめに ── 課題と方法」で述べられているように、本書では、現実の教育現場における保育実践に即するために、事例研究を行なう。というのは、現実の保育が行なわれている幼稚園や保育所において、保育者は、いわゆる年齢に応じた発達水準を尺度とするよりも、子どものその時々の気分や身体の状態に応じて、保育を行なうことが多いからである。たとえば、保育現場では、給食の終わりの時間になってもまだ食べ終わらず、手が止まって、不機嫌そうにしている子どもの様子がしばしば見られる。保育者は、給食時のこうした一般的な子どもの様子から、ある食材が嫌いであるから給食を食べたくないのだ、と捉えることができるかもしれない。しかし実際には、こうした捉え方によっては、その時のこの子どものあり方を本当に理解したのではなく、理解できたような気分になっただけでしかない場合がかなり多いのである。というのは、たとえば、給食の時間の前に友達とトラブルを起こし、気分がすぐれなかったことが原因となっているかもしれないからである。あるいは、体調が悪かったり、登園前に家庭で何か嫌なことがあったりと、食事が進まない原因はさまざま考えられるであろう。このようなさまざまな原因により、子どもが給食を食べたくない、と思っている場合も少なからずあるだろう。

しかし同時に、やはり「課題と方法」で述べられているように、いわゆる一般的な子どものあり方も完全に無視することはできない。それゆえ本章でも、木村を引用して示されたように、個別的な事例に基づきつつも、それらの個別的な事例の根底にある本質的なものを、現実の個々の保育を支えている普遍性として明らかにすることもめざしていく。

以上の課題を遂行するにあたって、本章では主として、真似と模倣に注目することにする。第1節で詳しく述べるが、真似は身体活動や言葉などをただたんに繰り返すことであり、模倣は他者の想いまでをも再現することである。

子どもたちは親をはじめとする家族や保育者や友達の真似や模倣を通して成長していく、といわれている。幼稚園や保育所といったいわゆる園で生活を送るうえに限らず、そもそも子どもが豊かに成長していくためには、真似と模倣が欠かせないといえよう。しかし、ひとくちに真似や模倣といっても、子どもたちが他者の行為を再現する仕方はかなり多様で、複雑である。こうした多様で複雑な真似や模倣に着目してそのつどの子どものあり方を捉えるためには、まず真似と模倣の違いを明確にしておくことが求められる。というのは、以下本章で詳しく探っていくが、真似と模倣とを区別することによって、真似や模倣をしている時の子どものあり方をより深く理解することが可能になるからである。

一般的には、他者の想いまでも再現する模倣が、真似に比べ、豊かなあり方だとされる。しかし、子どもたちが他者の活動を実際に再現する真似と模倣においては、このような一般的理解では捉えることのできない事態が生じており、そのつどの状況や子どもの状態に応じて、真似にも独特の多様性が認められるのである。そこで本章では、真似における多様性について探っていくことにしたい。

そこで第1節では、模倣と真似との違いについて明らかにしたうえで、真似をしている子どもの事例を詳しく探り、真似の多様性について明らかにしていく。

第2節では、自分と他者の身体を介して二人で一つの目的を実現する際のあり方を探るが、おぎない合う呼応という観点から、積木遊びにおける積木を積むことと崩すことを楽しんでいる子どもの事例に即して、真似と模倣との違いについてより具体的に明らかにしていく。

第3節では、真似を介して自分の想いを表現する子どもの事例に基づいて、真似の多様性を見出していく。さらに、いわゆる手慰みをしている子どもの事例から、幼児期における自分の身体を刺激している子どものあり方についても明らかにしていく。

第4節では、真似の多様性を論じるうえで欠かすことのできない、真似を通しての豊かなあり方について探っていく。子ども同士が同じ動作の再現をしていても、その再現の意味はそれぞれの子どもによって異なることを、事例を通して明らかにしていく。

第5節では、自由遊びの時間における制作での事例に基づいて、お互いに相手の動作を意味づけている時の真似の多様性について、明らかにしていく。さらに、この事例における二人の子どものあいだでの相互関係についても探っていくことにする。

第1節　真似と模倣

本節では、真似と模倣との違いを明らかにするために、まず1で模倣の典型例であるごっこ遊びのエピソードを通して、メルロ－ポンティのいう相互浸蝕や模倣における再認識についてのガダマーの観点に即しながら、模倣について詳しく探っていく。

2では、三つの真似の事例を取り挙げる。これらの事例を通して、真似をすることで子どもが園生活での活動に参加できるようになるなど、模倣にはない真似に独特の多様性を明らかにしていく。

1　模倣について

1－a　模倣の基盤としての相互浸蝕

本章でしばしば引用することになるが、現象学に基づいて幼児の遊びについて探っている横井によると、模倣は、「他者の典型的な振る舞いだけではなく、他者の想いまでをも再現している」（横井 2016、62頁）とされる。すなわち、模倣するということは、他者の振る舞いを再現すると共に、その振る舞いをしている他者の想いや気持ちまでをも自分の中に取り入れて再現する、ということである。横井が模倣をこのように捉えているのは、メルロ－ポンティのいう相互浸蝕についての考えを彼女なりに捉え直しているからであろう。そこで以下では、横井が依拠しているメルロ－ポンティの相互浸蝕について、まず探っておくことにしたい。

メルロ－ポンティによると、「幼児が自分自身と他者との違いを知らない状態の時でも精神の発生が始まっている」とすれば、「他者を知覚することがどのようなことであるかが理解できるようになる」(Merleau-Ponty, 1953, p.24/ １３６頁)、とされている。幼児の「最初の自我は、……だれかによってとりかえられえないような絶対的な個人としての自分自身についての意識」(ibid., p.25/ 同書１３８頁)が伴っていないため、この時期の幼児の自我は、自分と他者とが一体となっているような自我でしかない。しかしそうであるからこそ、幼児は自分と他者との区別を知らない状態であるにもかかわらず、精神がある程度機能しているかぎり、他者が何をしているのかを知覚でき、他の人間を他者として知覚することが可能となっている。それゆえ、自分の身体が動いていなくても、他者が身体を動かしているのを見るだけで、他者の身体活動を理解できるのである。このことをメルロ－ポンティは、次のように記述している。他者を知覚するだけでも、「他者の志向〔＝対象へと意識を向けること〕が何らかの仕方で私の身体を通して働き、さらにまた、私の志向が他者の身体を通して働く」(ibid., p.24/ 同書 １３７頁) ことが生じている、と。つまり、実際にコミュニケーションをとる前に、このような仕方で、自分と他者との志向がお互いに交流し合うことが、二人の人間のあいだで起こっているのである。

以上のことからメルロ－ポンティは、「個人と個人との対立ではなく、匿名の集合であり、いまだ区別されることのない複数の生の営み」（ibid., p.25／同所）の状態、つまり誰ともいえない複数の生の状態を二人の人間が同時に生きることができる、とみなしている。こうしたことから、この時の二人の人間の身体は一つに統合されていると同時に、他者の身体活動を知覚するだけで、自分の身体も動いているように感じるのである。

以上に述べたような仕方で自分と他者とのあいだで志向がお互いに交流し合うということは、「自分と他者とが自分たちにとって共通の状況の中に融け合い、分かれていないということ」（ibid.／同書１３８頁）を意味している。このことをメルロ－ポンティは、「パースペクティヴの〔相互〕浸蝕」（ibid., p.59／同書１９０頁以下）という言葉を使って表わしている。

二人の人間のあいだで相互浸蝕が生じている時には、メルロ－ポンティによると、「自分がただ見ているだけにすぎない〔他者の〕その行為を、何らかの仕方で離れたところから生き、それを私の行為とし、それを自分で譲り受けたり、理解したりする」（ibid., p.24／同書１３６頁）ということが生じてもいることになる。そして、このように他者の行為を私の行為として譲り受けることこそ、他者の志向を再現すること、いいかえれば、他者の想いを再現することにもなるため、他者の活動をまさに模倣することになる。そして、おそらくは横井も、メルロ－ポンティと同様のことを捉えていたために、模倣を他者の想いまでをも再現すること、とみなしたのであろう。これは、模倣をする側とされる側の想いがお互いに浸蝕し合っている、ということである。

そこで、他者の想いをも再現する模倣が典型的に生じている時の子どものあり方を、以下のエピソードから探っておくことにする。

1-b　模倣における再認識

子どもの遊びの中で最も典型的な模倣が見られるのは、ままごと遊びである。ままごと遊びでは、母親などの家族の活動や、家庭内の出来事の再現がなされるのがごく一般的である。筆者自身も、幼稚園実習の際に、ままごと遊びをしている子どもたちを見かけた。そのままごと遊びでは、母親役の幼児が、園庭に生えている草や砂などを使って、子ども役の幼児にご飯を作っていた。子ども役の幼児は、ご飯ができるのを待ちながら、遊んでいた。母親役の幼児が、子ども役の幼児に向かって、「もう少しでご飯できるから、お片付けしてくださーい」、と言った。しかし、子ども役の幼児は、母親役の幼児の言葉には反応せず、遊び続けていた。その様子を見た母親役の幼児は、「お片付けできない子は、ご飯食べれません」と言い、子ども役の幼児のもとに行き、自ら率先して玩具を片付け始めた。

以上のエピソードで典型的なように、ままごと遊びでは、子どもにとって最も身近である家族の様子が如実に反映される。特に、自分と母親とのやり取りがそのままままごと遊びの中で再現されることもしばしば見られる。このエピソードでは、子どもに食事を作ることへの母親の想い、ご飯の時間になっても玩具の片付けをしない子どもへの想いさえもが再現されている。横井は、「ごっこ遊びでは、模倣の対象となる他者の身体的振る舞いや言動の本質を浮き彫りにする」(横井 2016、85頁) ことが生じている、と見ている。実際このエピソードにおいても、母親役の幼児が、母親に典型的な行動や言動を再現することで、ごっこ遊びの世界で母親が存在することになり、子どもが母親の本質を浮き彫りにすることになるのである。現象学の観点から遊びについて思索しているガダマーも、

「模倣……は、〔現実を〕写している繰り返しにすぎないものではなく、本質の認識である」（Gadamer, 1975, S.109／１６６頁）、としている。しかもガダマーは、本質を認識したことに基づく模倣は本質を再認識することにもなるため、「再認識の楽しさ」は、「すでに知られていることを認識するだけよりも、それ以上に認識されている」という（ebd.／同書 １６５頁）。このエピソードにおける母親役の幼児は、食事の時間になったら片付けをするという、現実の世界での母親のあり方を認識しており、この認識をごっこ遊びの中で実際に再現することで、母親の本質を浮き彫りにしながら、さらに同時に、母親の本質の再認識をしている。それが、ごっこ遊びにおける再認識の喜びにつながるのである。

以上第1節の1では、模倣は、他者の振る舞いを再現すると共に、他者の想いや気持ちまでをも自分の中に取り入れて再現するということを、横井における模倣についての捉え方、およびメルロ－ポンティにおける相互浸蝕やガダマーの本質における再認識という観点に即しながら、エピソードに沿って詳しく探った。

次に2では、真似の事例を取り挙げ、それらの事例における子どもたちのあり方を探る。

2　真似における子どものあり方

ここでは、何かを制作することにおける真似の事例、真似をすることで集団活動に参加できている子どもの事例、真似をすることで楽器を演奏できている子どもの事例を取り挙げる。これらの事例を通して、ただたんに他者の活動を繰り返しているだけの真似をすることを楽しむだけではなく、真似をすることで集団活動に参加できるようになるといった、真似の多様なあり方について明らかにする。まず、真似と模倣の違いについて、さらに考察しておくことにする。

2-a　真似と模倣との一般的な違い

真似と模倣との違いを一般的な仕方で区別するならば、1-aで示したように、模倣においては、他者の振る舞いだけではなく、他者の想いまでもが再現されている。他方、真似には、他者の想いの再現という行為は含まれていない。すなわち、真似とは、他者の動作や言葉などのたんなる繰り返しである、とみなせる。

たんなる繰り返しというのは、たとえば、男の子が戦隊モノのヒーローや女の子がプリキュアの変身をする時の動作を再現することである。真似においては、たとえば戦隊モノのヒーローが悪者を懲らしめるといった仕方で、自分の外の世界と関わるというヒーローの想いは再現されていないのである。だが、1歳を過ぎる頃になると、模倣が多く生じるようになり、模倣は彼らの成長に対して重要な役割を果たすことになる。模倣においては、真似とは異なり、世界と交流している他者の行為の豊かなあり方が伴っている。ここでいう豊かなあり方とは、次のようなあり方である。たとえば、子どもたちが遊びの中でケーキを食べるという行為をしていた、とする。その際に、ただケーキを食べるという身体的な動作だけをしているのではなく、「ケーキおいしいね」といった子どもの想いを他の子どもも受け取りながら、ケーキを食べるというようなことである。

しかし、実際に真似をしている子どもの様子からその時の子どものあり方を探ると、以上に示したような模倣との違いに着目して真似とみなされる行為にも、かなりの多様性があることが明らかになる。真似という行為は、子どもにとって重要な機能を果たしているのではないかと考えられるのである。そしてまさにこのことを探ることによって、「はじめに ―― 課題と方法」で述べられている、一般的な子どものあり方に基づくことによっては捉えきれない個別的な子どものあり方の根底に潜んでいる本質を捉えなければならない、という課題に応えることができるのである。

実際、以下で個別的な事例に基づいて明らかになるように、子どもにおける真似は、模倣との違いに着目して示されたような単純なものではない。なぜならば、真似をしないと他の子どもと同じように集団活動をすることが難しい子どもや、制作で何かにセロテープを貼るなどという作業にとりかかることが難しい子どもがいるからである。このような子どもは、真似をすることで、他の子どもと同じように集団活動に参加することができるようになる。真似が模倣と比べて豊かではない、とはいいきれないのである。このような真似の重要な機能を見逃してはならない。

以下では、真似がそれほど単純ではないことの具体例と、その時の子どものあり方について探ることにする。

まずは、制作における真似の事例を取り挙げる。

2-b　制作における真似

次の事例は、二人の男の子が空き箱などでロケットを制作している場面である。

【ロケットの制作】〔年中・20×0年10月21日・曇〕

子どもたちは、秋の作品展に向けて、空き箱で乗り物を作るという制作を行なっている。担任保育者の言葉かけで、女の子よりも先に、男の子から自分の好きな材料を選ぶ。リョウくんとサトシくんは、トイレットペーパーの芯を使い、ロケットを作ろうとしている。最初は二人とも同じような空き箱を持ってくるが、リョウくんが自分の持ってきた空き箱をもとの場所に戻しに行くと、サトシくんも同じように自分の持ってきた空き箱をもとの場所に戻す。リョウくんはトイレットペーパーの芯を立てて、ロケットの形に組み立てる。サトシくんは芯を望遠鏡に見立てて覗いている。二人は、お互いがお互いの動作を見て、同じ活動をしている。隣の机に座っているジュンくんが「僕白ばっかり」と言っているのを聞いて、リョウくんが「俺も白ばっか」と言い、ついで、サトシくんも「俺も白ばっか」と言って、ジュンくんに見せている。

保育者の言葉かけで、子どもたちは制作を開始する。サトシくんは、リョウくんがセロテープ〔以下「テープ」と略〕を貼るのを確認してから、テープを貼り始める。サトシくんは、最初だけリョウくんの行為を確認してからテープを貼ったが、それ以降は、リョウくんの様子は確認せず、自分で黙々とテープを貼っている。リョウくんは、何度も同じところにテープを貼っている。サトシくんはリョウくんよりも早くテープを貼り終えたが、リョウくんがテープを貼ると、サトシくんもさらに重ねてテープを貼る。

作業が終わった子どもたちは、廊下で保育者に作品に名前を書いてもらった後、作品を提出して、給食の準備にとりかかる。リョウくんとサトシくんも作業を終え、作品を保育者に提出するために、子どもたちの列に並ぶ。

以上の場面でのこの二人の様子から、サトシくんはリョウくんの制作の様子を確認しながら自分の作品を作っていたため、自分よりもリョウくんの方がロケットの形についてのイメージができており、トイレットペーパーの芯でロケットの形を表わすことができる、とサトシくんが思っていたということが窺われる。ただし、他の子どもたちは作品に装飾をつけていたが、この二人は装飾をつけていなかった。そのため、この二人の場合は、ロケットの形について、「このようなものだ」というイメージはできていても、細かい部品まではイメージして作ることが難しいのではないか、と考えられる。

サトシくんは、テープをいったん貼り終えたが、リョウくんがまだ貼り終わっておらず、そのため、再び何度もテープを重ねて貼っていた。サトシくんは、リョウくんの真似をして制作をしていたため、テープを貼る作業が終わったら、さらに何をしたらよいかがわからなかったのではないか。サトシくんはそのため、自分の作業はある程度終わったにもかかわらず、リョウくんの真似をして、テープをさらに重ねて貼っていたのであろう。

以上のように、この作業においては、サトシくんの方がリョウくんを見て真似をしているが、テープを貼る作業に入ったら、サトシくんの方が早く作業を終えてしまった。サトシくんは、最初のテープを貼るところでは、リョウくんを見ているが、実際にテープを貼りだしたら、リョウくんの作業は見ていない。このことから、サトシくんにとって、少なくともテープを実際に貼る作業そのものは、リョウくんの作業の真似をする必要がないことがわかる。二人のあいだでロケットの完成形が決まった瞬間に、そこから先は自分だけの作業になっている。それゆえ、この時点からは、サトシくんの作業は真似ではなくなった、と考えられる。

芯を望遠鏡に見立てたのはサトシくんの方が先であり、この時は、リョウくんがサトシくんの真似をした、といえる。この作品を望遠鏡に見立てることは、遊びであり、ロケット作りは制作である。制作中に子どもが材料を何かに見立てて遊んでいる時には、その材料は、制作にとっての意味とは違った意味をもたされることになる。この時はサトシくんが思いつきで遊びだし、リョウくんがその真似をしている。しかし制作においては、サトシくんがリョウくんの真似をしている。

ここでは、子どもにとっての制作と遊びとの違いが典型的に明らかになっている。望遠鏡で遊びだした時には、二人は制作のことは考えていないが、いつでも制作に戻ることができる。制作は一つの目標に向かって、限られた時間の中で行なわなければならないため、遊びとは異なる。つまり、遊びに特徴的な繰り返しにより、遊びがはじめから何回も更新されるのとは異なり、制作が繰り返される、ということはない。こうしたことから、子どもの中で遊びと制作との違いが明確になっている、ということがわかる。

この事例におけるリョウくんとサトシくんの場合にも同様のことがいえ、望遠鏡に見立てた遊びにおけるリョウくんとサトシくんの関係は、制作における二人の関係とは異なる観点から捉えなければならないであろう。

しかし、制作における真似に関する二人の次のような立場の違いは、注目に値する。というのは、テープを貼る時の手先の器用さはサトシくんの方が高いのに、真似をする子どもとされる子どもとのあいだで、逆転が生じているからである。そもそも、手先が器用であるか否かは、イメージをもって制作することには直接つながらない。模倣ではなく真似をする時には、友達と共通のイメージがなく、イメージに対する想いもないため、子どもは、手先の器用さにかかわらず、ある活動の再現をするか、ないしは他の子どもの活動に追従せざるをえないのであろう。

しかし真似が、こうした仕方での再現や追従以上の意味をもつ場合がある。次に、こうした真似について探ることにする。

2-c　真似を介した集団活動への参加

次の事例は、真似をすることで集団活動に参加できている場合である。

【集団活動への参加】〔年中・20×0年7月15日・晴れ〕

ある保育者養成大学の学生による絵本の読み聞かせが終わり、子どもたちは、クラス活動をしている。ある子どもが、「腰が痛くなった」と言ったため、みんなで床に寝転がっている。担任保育者が提案した、机か椅子に触ったらゴザに戻ってくる、という活動をすることになる。

子どもたちは、保育者の「よーい、ドン」のかけ声で、一斉に動き始める。しかし、カナちゃんは、みんながゴザに戻ってきた後で、ゆっくり動き始める。二回目は、ロッカーか窓に触ってからゴザに戻ってくるという活動をすることになる。この時も、カナちゃんはゆっくりとした動きをしている。最後に保育者が、「ロッカーに触ってきた子、窓に触ってきた子、何も触ってこなかった子」と子どもたちに聞き、子どもたちはそれぞれに手を挙げているが、カナちゃんは、三つの問いかけのどれにも手を挙げていない。

この場面で、カナちゃんは、子どもたちがすべき活動内容を示している保育者の言葉の意味を、みんなの活動の様子を見ることによって自分の中で理解してからでなければ動けない、と考えられる。そのため、カナちゃんは、「窓を触ろう」と決めてから窓に触りに行っているわけではなく、とりあえずみんながいる方に行って、そこからただ戻ってくるという動きをしていると思われる。すなわち彼女は、何らかの目的をもった活動ができていないのではないか。

カナちゃんは、みんなの真似をすることによって動くため活動するまでの時間に他の子どもたちとの差が生じてしまうが、結果としては、他の子どもと同じような動きができ、集団活動を彼女なりに何とか行なうことができた。しかし、保育者の想いまでは受け止めることができていないため、保育者の質問に対して挙手をすることができなかったのであろう。

真似は他者の活動のたんなる繰り返しであるが、たんなる繰り返しを何回かすることによって、カナちゃんのような子どもは、集団活動ができるようになる。他の子どもたちの活動中に、すぐにそれと同じような活動はできないが、その活動の真似をすることで、動けるようになる。

次の事例では、真似をすることで楽器を演奏できている子どもを取り挙げる。

2-d　真似を介した楽器の演奏

この事例における子どものあり方を探る前に、合奏と合唱との違いについて考察しておきたい。他者と対話をしている時には、声を発している者は、そのつど発声されている自分の声そのものに注意を向けているわけではない。しかし歌を歌っている者は、自分の心の中の想いを相手に告げ知らせ、聴かせているとしても、自分が発している歌声に意識を向けている。つまり、歌を歌う時の歌い手は、自分で歌声を発しながら、その歌声を聴くという仕方で、自分が行為の主体であることを自覚しながら能動的に歌っている。合唱をしている時にも同様に、対話をしている時とは異なり、周りの人間や自分の発する声を聴いている。

以上のことをふまえたうえで合唱と、たとえばピアニカでの合奏とを比べると、ピアニカでの合奏の方が合唱よりもはるかに難しいことが明らかになる。なぜならば、合唱している時には、歌声を発すると同時に、自分や周りの人間の発する声を聴きながら、次の歌詞や音を予想して、それらを実際に発するという活動を繰り返すだけでよいが、合奏の場合には、それらの活動に加え、楽器の音を出すために手や指を動かしたり、ピアニカを鳴らすために息を強く吹きこんだりしなければならないからである。

そして、こうした難しさを子どもたちに克服させてくれるのが、真似なのである。次に、友達の真似をすることで合奏をすることができるようになる場面を挙げる。

【ピアニカの合奏】〔年中・20×1年1月13日・晴れ〕

爪あげの順番を待っているあいだに、子どもたちは、発表会の練習をしている。子どもたちは、担任保育者の『小さな世界』のピアノ伴奏に合わせて、ピアニカを演奏している。カナちゃんは、ピアニカを弾き始める時には、他の子どもよりも少し遅れて、しかも隣に座っているアリサちゃんの様子を確認してから、弾き始める。カナちゃんは、ピアニカを弾くというよりも、鍵盤に触っているという感じである。アリサちゃんの真似をして、鍵盤を確認しながら本人なりに弾いているように思われる。この活動を三回繰り返すが、一、二回目の時は、出だしが遅れてしまう。しかし三回目の繰り返しでは、みんなと同じようにできている。

この場面で、カナちゃんは、アリサちゃんの真似をすることで、ピアニカを演奏し始めることができた、と考えられる。ピアニカを演奏するというよりも、鍵盤に触っている様子であったことからすると、彼女には自信がないのであろう。繰り返しを重ねるごとに、みんなと一緒に弾き始めることができているため、ピアニカで合奏することに慣れるのに時間がかかるのだろう。カナちゃんにとって何度も真似を繰り返すことは、みんなと同じ活動を行なえるようになるための一つの手段ではないか、と考えられる。

保育者の伴奏と同じテンポでピアニカを弾くことができる子どもとは異なり、カナちゃんの場合には、合奏の際に自分の発した音が彼女自身に同時に知覚されていないのではないか、と考えられる。ピアニカをスムーズに弾けるようになるには、一音目を出した時に、次に出す二音目や三音目が何の音かがわかっていなければならない。しかし、これらのことがカナちゃんにはまだできていなかったため、アリサちゃんの真似をしないとピアニカを演奏できず、真似をすることで音を出すことが必然的に遅れてしまっていた。他の子どもたちは、演奏する時にそれまでの練習の成果を再現していたが、カナちゃんにとって一回目と二回目の演奏は練習になっており、三回目に、次の音が何かということが身体に刻み込まれて、練習の成果が功を奏した、と考えられる。

以上第1節では、真似をしている子どもについて検討してきた。一般的に模倣の方が真似よりも豊かな活動であるように思われているが、個別的な事例に着目すると、真似をすることが子どもにとって非常に重要な役割を果たしていることが明らかになった。

次節では、複数の人間がお互いに相手の身体活動に合わせる、おぎない合う呼応について考察する。子どもたちのあいだでのおぎない合う呼応の程度に応じて、真似と模倣との違いが生じるからである。

第2節　おぎない合う呼応と真似

複数の人間がお互いに相手の身体活動に合わせるおぎない合う呼応の程度に応じて、子どもが他の子どもの想いまでをも再現する模倣となるか、あるいは、他の子どもの活動の真似に留まるかの違いが生まれる。そのことを、遊びにおける建設と破壊の両義性という観点に即して明らかにしたい。

まず1では、おぎない合う呼応がどのようなものか、その内実を探る。そのうえで、2では、積木遊びをしている事例において、おぎない合う呼応が生じている時の子どものあり方を探ることにしたい。

1　他者経験におけるおぎない合う呼応

子どもが遊びや日常生活において、自分と他者の身体を介して二人で一つの共通の目的を実現する際には、お互いに他方の身体活動をおぎない合っている、ということがしばしば生じている。こうしたことが生じている時には、両者の身体はどのようなあり方をしているかについて、メルロ－ポンティに依拠しながらまず明らかにしておきたい。

メルロ－ポンティは、たとえば「他者が絵を描いているのを見ると、私は絵を描くことを一つの行為として理解することができるが、それというのも、絵を描いていることがそのまま私自身の運動性に訴えかけてくるからである」(Merleau-Ponty, 1953, p.23/１３４頁）と述べている。つまり、他者の活動を見るだけでも、その活動に見合った私の身体活動が私自身に自覚されることによって、現実にはその活動を再現しなくても、他者のその活動を理解することができるのである。ここで大事なことは、メルロ－ポンティが続けて述べているように、「私が他者や私自身を世界の中で活動している行為として規定しさえすれば、他者〔を理解すること〕へのパースペクティヴが開けてくる」(ibid./同所）、ということである。他者も私も同じ世界の中で活動していることが前提となって初めて、私は他者を理解することが、すなわち他者のパースペクティヴ〔＝視点〕から他者の活動を理解することができるのである。

さらにまた、メルロ－ポンティは、「他者知覚においては、私の身体と他者の身体は対にされ、いわばその二つ〔の身体〕で一つの行為を成し遂げることになる」(ibid., p.24/ 同書 136頁) ともいう。というのは、他者を知覚することは、第1節の1ですでにメルロ－ポンティから引用して述べたように、他者の行為を離れたところから生き、それを私の行為とし、また理解することだからである。つまり、上で引用した他者が絵を描いている時で述べれば、絵を描いている他者の活動をただ見ているだけで、私自身があたかも絵を描いているかのようなあり方になると同時に、絵を描いている他者のあり方をも私は理解できるのである。しかも、立場が逆になって、私が活動をしている様子を他者が見ている時にも、他者によって私の活動が生きられると同時に、他者によっても理解されているのである。

メルロ－ポンティは、他者知覚についての以上の基本的な捉え方を幼児の場合におきかえ、次のようにいう。いまだ自我が確立していない時期の幼児は、すなわちいまだ母子分離がなされていない時期の幼児は、本章第1節の1でやはりメルロ－ポンティを引用しながら述べたように、他者と共に共通の状況の中に融け合っている。そして、幼児と他者とのこうしたいわば未分化なあり方は、おとなになっても完全には解消されることがない。メルロ－ポンティの言葉を使えばこのことは、「個々の人間への分離や区別」は、子どもが成長しておとなになっても「決して完全に達成されることはない」ということになる (ibid., p.25/ 137頁)。幼児は、自分と他者を区別することなく、他者と一体となっており、それゆえ幼児においては、お互いの志向がいわば融け合っている。自我が確立し、自分と他者との区別ができるようになっても、他者とのこうした一体性は、完全になくなってしまうことはない。そして、こうした一体性が私の生の根底に控えているがゆえに、私は、他者に共感したり、共同して何らかの作業をしたりすることができるのである。

こうして、先ほど問題とした、自分と他者の身体を介して二人で一つの共通の目的を実現する際に、お互いに他方の身体活動をおぎない合っているということの内実が明らかになる。すなわち、自分と他者の身体を介して二人で一つの共通の目的を実現する際には、メルロ－ポンティが述べるところの、他者の行為と私の行為等が融け合うことが生じている。二人で一つのことを成し遂げることは、自分と他者とが区別されることなく、両者が一体となっていることでもある。こうした仕方で二人の身体の動きが一体化されることにより遊びや何らかの作業が展開していく時には、特に意識されることなくお互いに他方の身体の動きに呼応しながら、他方の身体活動を補足し合っている。そこで、複数の人間のあいだで相互に相手の活動をおぎない合う活動が生じている時のあり方を、おぎない合う呼応と呼ぶことにしたい。

おぎない合う呼応の内実をピアノ演奏における連弾の場合で具体的に述べれば、次のようになるであろう。連弾においては、一方の演奏者が主旋律を弾き、他方の演奏者が伴奏を弾くことで、二人の身体があたかも一つの身体となっているかのような仕方で、一つの曲を演奏している。ここで生じていることこそが、まさにおぎない合う呼応である。連弾においては、メルロ－ポンティのいうように、ある曲を演奏するという一つの目的を達成するために、二人の身体が対にされ、第1節の1で引用したパースペクティヴの相互浸蝕を介して、おぎない合う呼応が典型的に実現されている。

おぎない合う呼応についての以上の考察を基に、積木遊びをしている事例における子どもたちのあり方を明らかにしたい。

2　おぎない合う呼応における子どものあり方

【積木遊び】〔年長・20×1年5月11日・雨〕

他の場所にいたヒナちゃんが、マコちゃんとカナちゃんの積木遊びに加わる。ヒナちゃんも、マコちゃんやカナちゃんのように積木を積み始める。ヒナちゃんは七段目にあたる積木を積んでいるが、マコちゃんの「〔積木が〕倒れた」という言葉に反応して、マコちゃんの方を見ながら、全体の積木を倒してしまう。ヒナちゃんが積木を集めて、再び積もうとしていると、マコちゃんが来て、二人で一緒に積み始める。ヒナちゃんが積むとマコちゃんが積み、マコちゃんが積むとヒナちゃんが積むというように、二人は交互に積木を積んでいる。ヒナちゃんは、カナちゃんの積木を見て、「そっちのが高い」と言いながら、指さす。ヒナちゃんとマコちゃんは、さらに積木を積んでいく。二人の積んだ積木とカナちゃんの積んだ積木の高さが同じになると、マコちゃんは、カナちゃんに向かって、「同じだね」、と言う。しかし、二人の積んだ積木は倒れてしまう。二人はまた新たに積木を積み始める。カナちゃんは、二人の積木の高さを見て、自分の積木を減らして、同じ高さにしようとするが、途中で倒れてしまう。

ヒナちゃんとマコちゃんは積木を積み続けている。マコちゃんが積むと、ヒナちゃんが「セーフ」

と言いながら、その動作をする。「こわい、こわい」と言いながら、積木を積んだり、倒れずに積むことができると、「オッケー」と言いながら、積んだりしている。マコちゃんが、「どっちが早いか競争」とヒナちゃんに提案し、ヒナちゃんは、「いいね、いいね」、とマコちゃんの提案を受け入れる。二人は、積木を積んでは倒れるという遊びを繰り返している。

ヒナちゃんが積木を積むとマコちゃんが積み、マコちゃんが積むとヒナちゃんが積むという作業は、おぎない合う呼応の関係になっている。マコちゃんとヒナちゃんは、積木を高く積むにつれて、倒れないようにそっと積む様子が見られたり、「こわい、こわい」や「オッケー」と相手を励ましながら、積む様子を見守っていたりしている。その姿から、一人で積木を積んでいる時よりも、二人でおぎない合っているために、積木を高く積むことや、倒れるか倒れないかの瀬戸際のスリル感を味わうことを楽しんでいることが十分に窺える。すなわち、それぞれが一人で遊んでいる時よりも、二人で遊んでいる時の方が豊かなあり方になっている、といえるだろう。

カナちゃんは、マコちゃんの言葉かけにより、一緒に積むという作業はしていなかったが、先ほどとは違い、一人ではなく、マコちゃんたちと一緒に遊んでいる、と感じることができたのではないか。そのためカナちゃんは、二人の積木の高さに合わせようと、積木の数をあえて減らそうとした、と考えられる。

積木が倒れることが楽しいと感じるということは、積木を高く積むことを真剣に行なっているということを意味している。高く積んだ積木が倒れそうになることによって、ただたんに積木を積んでいた時とは、気持ちも作品に対する丁寧さも一挙に変わる。その変化が、二人にとっておもしろいのであろう。そもそも一般的に、自分の隣で他の子どもが積んでいた積木が倒れても、自分で積んでいた積木が倒れる時ほど子どもは喜ばない。かなり真剣に積木を積んでいる、というあり方をしていなければ、この事例における二人の子どもほどには、楽しむことはできないであろう。こうしたことから、ヒナちゃんとマコちゃんは、かなり真剣に、かつ慎重に遊んでいる、といえる。二人は真剣さを共有していると同時に、楽しさまでをも共有している。しかしカナちゃんは、二人が積んでいる積木と同じ高さに積もうとしていることから、積木を高く積めば倒れてしまうというリスクを楽しむ遊びにまでは至っていない。そのため、カナちゃんは二人と同じ高さに積木を積むことだけに集中し続けている。

ところで一般的に遊びには、相互に矛盾し合う相反した事態が同時に含まれているという意味での、両義性がそなわっている。こうした両義性の一つが建設と破壊である。

たとえば、この事例のように、高く積んだ積木を倒したり、砂で作った山を作っては壊したりという遊びに含まれている相反した事態、すなわち両義性について、ニーチェは、「この世界の中では、ただ芸術家と子どもの遊びだけが、どのような道義的責任もなしに、永遠に等しい無垢のなかで、……建設することと破壊すること〔という相反する両義性〕をもっている」(Nietzsche, 1956, S.176／411頁）と述べている。子どもにとっては、積木を積むことや砂山を作ることだけではなく、積んだ積木を倒すことや砂山を崩すことさえも遊びになる。ここでは道義的責任が問われない理由は、ニーチェのいうように、建設の結果として遊びの成果が実現し、その遊びに満足するだけでなく、たまたま、あるいは故意に破壊という次の段階に移ることで、一つの遊びが完成に至るからである。

この事例におけるカナちゃんは、建設と破壊に伴う気分の変化を楽しむまでにはまだ至っていない。カナちゃんは、積木が倒れることが楽しいというヒナちゃんとマコちゃんの想いまでもは共有していないのである。すなわちカナちゃんは、積木を積むところまでは、二人の行為の模倣をしていたが、積木が倒れることの楽しさに遊びが切り替わった時には、二人の楽しさを共有できなかった。この時のカナちゃんの活動は、真似であったといえるだろう。カナちゃんは、積木が倒れるかどうかというリスクをあえて冒すような行為でもって、他の子どもたちの行為をおぎなうことはできなかった。

以上本節では、子どもたちのあいだでのおぎない合う呼応について事例に基づき、模倣と真似との違いをより掘り下げた。積木遊びにおける建設と破壊という観点から、模倣の特徴と真似の特徴を見出すことができた。

次節では、友達の真似をすることで、自分の想いを表現することができるようになる事例を取り挙げて、真似の多様性についてさらに探っていくことにする。

第3節　真似と自己触発

本節では、真似を介して自分の想いを表現する子どもの事例に基づいて、真似の多様性を見出していく。そのうえで、自分の行為や活動によって自分自身が触発されるという意味での自己触発という観点から、子どもにとっての自己触発の意義を明らかにしていく。

ここでは、自己触発が生じている年中児の事例を取り挙げる。

【足を鳴らす】〔年中・20×1年1月13日・晴れ〕

クラス活動の時間で、他のクラスとウサギ組の爪あげの順番について担任保育者が話をしている。保育者が話をしている途中で、エリカちゃんが床に交互に両足をつけて、パタパタと音を鳴らしている。保育者は途中で話をやめ、エリカちゃんに、「足、パタパタやるのやめて」、と注意する。すると、数人の子どもたちがエリカちゃんの真似をして、両足をパタパタと床にたたきつける。保育者は話を続けるが、子どもたちはやめようとしないため、保育者は、さらに「やめて、みんな。わざわざやるのはカッコ悪い」と言い、注意をする。保育者に注意されると、ほとんどの子どもたちはやめたが、ユナちゃんを含め、数人ほどがまだ足で床を鳴らしている。「誰かな、わかっているよ」という保育者の言葉によって、ユナちゃんは足を鳴らすことをやめた。

この場面でエリカちゃんの真似をした数人の子どもたちには、エリカちゃんと保育者のやり取りを見て、保育者が自分とも関わってほしい、という想いがあったのではないだろうか。また、長いあいだ椅子に座って話を聞いていたため、じっとしていることが辛くなって、気分転換として足をパタパタさせたのではないか。というのは、子どもの場合、集中力が切れて退屈になってくると、自分の気持ちを何とか紛らわすために、自分の身体でもって自分を刺激しようとするからである。

1　自己触発

こうした時のあり方は、現象学においては自己触発と呼ばれている。自己触発とは、横井によれば、「自分自身の活動によって……触発され」（横井 2016、210頁）ていることである。意識が何らかの対象や出来事に能動的に関わっている時、それらの「対象や出来事によって自分が触発されるだけではなく、そうした対象や出来事に関わっている自分の行為によっても、自分自身の意識や振る舞いは触発される」（同書 208頁）。何かの対象や出来事によって自分が触発され、何らかの活動を起こした時には、その対象や出来事に触発されるだけではなく、そうして触発された自分の活動自体によっても触発されるがゆえに、自分自身によっても私は触発されているということが、自己触発が生じている時の私のあり方なのであり、それは日常茶飯に起こっていることである。

横井は、次のような具体例を挙げている。親や友達など、「誰かに対して怒りの感情を表わし始めると、はじめは冷静さを保っていたにもかかわらず、怒り始めた自分自身の活動によって、さらに怒りが増し、感情を抑えきれなくなってしまう」（同書 209頁）。こうした自己触発は、日常で典型的に生じていることである。

2　自己触発における子どものあり方

先の事例で、最後まで足を鳴らしていたユナちゃんは、保育者と関わりたいという想いが強かったのかもしれないし、保育者に注意されるとわかりながらも、スリル感を含んだ遊びをしていたかったのかもしれない。しかし、身体運動を繰り返したり、その運動を一定時間続けたりするという自分自身の活動によって自己触発され、身体的な心地良さや、快感を得ていたとも考えられる。横井も、「特に年齢が低ければ低いほど、……自分の活動によって自己触発されやすい」し、「自己触発されたことで生じる意識のわずかな淀みや変化に敏感であり、それらが感情や振る舞いに直接表われやすい」（横井　２０１６、２１０頁）と述べている。ユナちゃんは保育者と関わりたかったが、関わりたいという想いで足を鳴らしていたことがユナちゃんを自己触発させ、保育者の制止にもかかわらずさらに続けた、といえるのではないだろうか。あるいは、ユナちゃんは、足を鳴らすことが自己触発となって、保育者に注意されるような悪いことをしている、というスリルが楽しいという感情になり、足鳴らしを続けることにつながったとも考えられる。

また、はじめに音を立てたエリカちゃんに対し、保育者は強い仕方で注意していないため、エリカちゃんの後で音を立てた他の子どもたちは、保育者の気を引こうとした、あるいは、子どもたちなりの仕方で、何らかの不満を表示したかったのではないか、とも考えられる。そうであるなら、この時の多くの子どもたちは、この行為を通して、エリカちゃんの活動の模倣というより、何らかの自分の想いを保育者に訴えている、とみなせる。この場合、彼らの行為は、スリルを含んだ遊びとは考え難い。

以上のように、一見すると真似のように見られる子どもの活動の多くは、それほど単純ではない。子どもによって再現されている活動を一見しただけで真似とひとくくりにすることはできないのである。それらの解釈に際しては、十分気をつけなければならない。

保育においては、子どもたちが自己触発をしていることがしばしば見られる。そこで日常的に生じる自己触発について、次の事例に基づいていてさらに探ってみたい。

【絵本の読み聞かせ】〈年中・20×0年4月29日・晴れ〉

ある保育者養成大学の学生二名が床に座っている子どもたちに絵本の読み聞かせをしている。子どもたちは、宮西達也の絵本『かぶと三十郎　きみのために生きるの巻』を見ている。この絵本の読み聞かせを聴く前に、すでに一冊読み聞かせを聴いており、連続で床に座って二冊目の読み聞かせを聴いているため、子どもたちは飽きてきて、ゴソゴソし始める。ケイくんが前に座っているユズハちゃんにいわゆる「ちょっかい」をかけて、ユズハちゃんに手を叩かれる。ケイくんは少し驚いた様子でいたが、さらにユズハちゃんの背中にパンチをしたため、学生に止められる。

この場面で、ゴソゴソして友達にちょっかいをだしたケイくんの様子からは、「話がつまらない、早く動きたい」、という気持ちを読み取ることができるのではないか。実際、筆者もこの時の読み聞かせを聴いていたが、おとなでも長いと感じるほどの絵本だった。しかも、この絵本の読み聞かせの前にも、子どもたちは一冊の絵本の読み聞かせを聴いていたため、子どもたちにとっては、じっと聴いていることに苦痛を感じていた、と考えられる。また、ユズハちゃんにちょっかいをだして手を叩かれたことに少し驚きを感じ、「手を叩かれて痛かった。お返しにパンチしてやる」、というケイくんの気持ちも読み取ることができる。

子どもにとって身動きできないということは辛いことであり、じっとしていることに我慢ができない。横井も、「幼稚園や保育所の集まりなどで、飽きてきた子どもたちが行なう、いわゆる手なぐさみも、……自己触発とみなせ、身体感覚の変化を楽しんでいることになる」（同書 217頁）と述べている。さらに、「子どもたちにとっては、じっとしていることの方が困難であり、自分の身体や指先を自然と動かすことによって、自分自身が自己触発されることで、じっとしていることから生じるつまらなさや退屈さから、……逃れているのではないだろうか」（同所）とも述べている。年少の場合だと、ゴソゴソ程度の小さな動きだけではすまず、この事例のように、ケンカとまではいかなくても、ちょっとしたいざこざが生じてしまう。しかし、それが年中になると、ゴソゴソするぐらいの小さな動きだけで、退屈さを何とか抑えられるようになるようである。

年少の場合では、保育者と直接関わることができていないと我慢ができないのが、ごく一般的な子どものあり方である。相手を叩くと保育者に注意されるということがわかっていても、あえて保育者から注意されることによって、子どもは保育者と直接関わることができる、ということにもなる。

他方、年中にもなると、子どもたちは、今は何をしなければならない時間で、何をしてはいけない時間なのか、ということが理解できるようになる。これをやると保育者に注意されるという、いわば注意されるか、注意されないかのボーダーラインを理解しているため、手慰みによって自己触発されても、それ以上のいざこざに発展しないよう我慢ができるようになるのが年中児である、といえる。

以上、本節では自己触発という観点から子どもの真似の多様性についてみてきた。一見すると、他者の活動のたんなる再現であるように思われる子どものあり方を、たんに真似であるとひとくくりにして理解してはならない、ということを見出すことができた。

真似がそれほど単純ではないということを、ここまでの節を通して明らかにしてきた。そこで次節では、真似がいかにして子どもの豊かなあり方に関わっていくのかについて、明らかにすることにしたい。

第4節　真似における豊かなあり方

本節では、真似を通しての子どもの豊かなあり方を、二つの遊びの事例を基に、明らかにしていく。まず1では、いわゆる豊かなあり方とはどのようなあり方なのかを明らかにする。そのうえで2では、真似を介した豊かなあり方について、事例に即して、明らかにしたい。

1　豊かなあり方

一言で豊かなあり方といっても、さまざまである。まず考えられるのは、子どもとおとなとのあいだで見られる両者の豊かなあり方である。たとえば、家庭内などで日常的に生じている活動がその典型である。生後八か月頃になり、ハイハイができるようになると、探索行動がでてくる。探索行動が活発になると、興味をもったものに触れようとし、身体的な関わり方を身につけるようになる。さらに、子どもは、おとなから食事の介助をしてもらったり、おとなと一緒に遊具で遊んだりすることにより、他者との関わり方を身につけていく。これらは、身体能力と認識能力を育むための基本的な活動となる。たとえば、滑り台を一般的な使い方である上から滑って遊ぶのではなく、たまたま逆に下から登ろうとした時に、親から「すごいね！　下からも登れるんだ！」という声かけをしてもらえれば、滑って遊んでいた時とは異なった身体の動きをするというだけでなく、「こういう遊び方もあるのだ」、と滑り台について新たな認識をすることになる。子どもはこのような仕方で、新たな身体能力と認識能力とを毎日のように身につけている。

このように、家庭内での日常生活のすべてが子どもの学び方の基になっており、おとなとの関わりによる活動が、新たなことを学び続けるための子ども自身の原動力となっている。家庭内でのおとなとのこうした関わりが家族以外の他者との関わりに次第に変わっていき、保育者や友達との関わりにつながっていき、豊かなあり方が見られるようになる。

2　真似を介した豊かなあり方

次の、友達との関わりのなかでの真似の事例を通して、子どもたちが展開した豊かなあり方を見てみる。

【「ビビった！」】〔年長・20×1年4月13日・晴れ〕

クラス活動の時間で、歌を歌うために子どもたちは立っている。手を洗っている子どもがおり、全員の子どもが準備を終えるまで、担任保育者と他の子どもたちは待っている。カズヤくんは、ショウタくんの顔の前で手を叩き、「ビビった！」と言いながら、ショウタくんに向かって人差し指をさす。その様子を見ていたゴウくんも、カズヤくんの真似をして、ショウタくんの顔の前で手を叩く。その様子を見ていたユウナちゃんは、カズヤくんの真似をして、カナちゃんの顔の前で手を叩き、続けてカナちゃんもユウナちゃんの顔の前で手を叩く。ユウナちゃんとカナちゃんは向き合い、カナちゃんが手を叩くと、ユウナちゃんも叩く。カナちゃんは、自分が手を叩いた後すぐにユウナちゃんが手を叩いている様子を見て、「早い」と言いながら、ユウナちゃんを指さす。そして、ユウナちゃんと何度か手を叩き合う。

カズヤくんたちの活動の中に二人の男の子たちが加わり、お互いに顔の前で手を叩き合い、「ビビった！」「ビビってない！」、などと言っている。

保育者の「誰の気をつけがかっこいいかな」という声かけで、子どもたちは次第に静かになり、姿勢を正して立つ。

目の前で手を叩かれると、子どもに限らず、おとなも反射的に目を瞑る。この場面の男の子たちは、自分が手を叩くことで、相手の子どもが一瞬目を瞑ると、目を瞑った本人は怖気づいていないのに、手を叩いた子どもの方は、ビビった（＝相手が怖気づいた）と思い、そのことを口に出して相手に伝えることが一種の遊びになっている。

それに対し、女の子たちは、相手が手を叩いた後にいかに早く自分も手を叩くことができるか、という遊びをしている。ユウナちゃんは、カズヤくんたちの動作は真似していたが、遊びの内容までは模倣していない。しかし、動作を真似るだけでも子どもたちはさまざまな内容の遊びを創造し、遊びに展開が見られる。同じ身体の動きをしている場合でも、その身体の動きにどのような遊びの意味を付与するかは、子どもたちによってかなり異なっている。同じ動作でも子どもたち自身、瞬時に異なる意味を与え、次の遊びを工夫している。このことに、その時の子どもたちによる豊かな展開の仕方が見られる。

次の事例も、このことを典型的に示してくれる。

【積木積み】〔年長・20×1年5月11日・雨〕

この日は雨であったため、担任保育者は、室内で遊ぶための積木やブロックやままごとなどの遊具を保育室内に設置した。マコちゃんは、「原田先生、一緒のやつ作ってる」と言いながら、保育者の真似をして積木を積んでいる。マコちゃんの語りかけに対し保育者は、「マコちゃん何階？」、と質問する。保育者の問いに対しマコちゃんは、「1、2、3、4、5」と指で積木を数えて、「5階」、と答える。階が高くなってくると立ち上がり、積木を慎重に積んでいる。

マコちゃんの隣にいるソウスケくんも、マコちゃんや保育者の真似をして、積木を積んでいる。ソウスケくんは、「原田先生、1、2、3、4、5、6」と言いながら、積んだ積木を保育者に見せる。マコちゃんは、「原田先生」と保育者の名前を呼び、積木を指さして、保育者に笑顔を見せる。ソウスケくんは、立ち上がって積木を積んでいたが、積木が倒れてしまったため、積むことをやめ、ドミノ作りを始める。マコちゃんも積木を高く積み上げるが、それが倒れてしまう。マコちゃんの目の前にいたマリちゃんは、はじめは自分の好きなように積木を積んでいたが、途中からマコちゃんの真似をして、積み始める。カナちゃんも、保育者の真似をして、マコちゃんたちと同じように積木を積んでいる。保育者は、カナちゃんの積んだ積木を指さしながら、「1、2、3、4、5、6、7、8、8階」、と言う。保育者のこの発声に対し、カナちゃんは笑顔になる。

マコちゃんは、「マコちゃん何階？」という保育者の言葉かけにより、自分の遊びを受け入れてもらえた、と感じたのだろう。一般的には、このような時保育者は、「マコちゃん、一緒だね」などと、〝一緒〟ということを強調するのではないだろうか。しかし担任保育者は、マコちゃんが自分の真似をしているということをわかっていたため、彼女に独自の作業を際立たせようと、あえて「何階？」、という言葉かけをしたと考えられる。マコちゃんと保育者のこのやり取りを見て、ソウスケくんも、自分から６階と言うことにより、保育者との関わりをもとうとしたのだろう。ソウスケくんは、一対一で保育者と関わることができて満足したため、積木が倒れても、新たに積み直すことはせず、別の遊びに移った。マリちゃんは、一人で黙々と積んでいたため、保育者と関わりたいという想いからではなく、目の前で高く積木を積むマコちゃんやマリちゃんを取り巻く周りの雰囲気に応じて積み方を真似したようである。他方、カナちゃんは、保育者が言葉かけをしてくれたことによって、自分にも関わってくれたと感じ、笑顔になった、と考えられる。

ここで、マコちゃんの「原田先生、一緒のやつ作ってる」という語りかけから、マコちゃんは保育者の真似をしていたのか、それとも、保育者がマコちゃんの真似をしていたのか、という疑問があがってくる。保育者に実際に話を聞いたところ、この日は雨であったため、室内遊びでの子どもたちへのきっかけづくりとして、保育者が積木を積み始めた、ということであった。ソウスケくんは、はじめは保育者やマコちゃんと同じように積木を積んでいたが、積んでいく途中で積木が倒れてしまった。その後は、また新たに積木を積むことなく、ドミノ作りを始める。ここには、本章第２節の２で述べた、遊びにおける建設と破壊という両義性が現われている。

保育者は、はじめは、子どもたちに「何階？」と聞いていた。保育者自身は、積木を倒すという遊びはしておらず、とにかく高く積もう、としていた。マコちゃんも積木をとにかく高く積もう、としていた。マコちゃんはさらに積木を積んでいき、積木がどんどん高くなった時に、たまたま倒れたため、この時点で積木を積むことから倒すことへと彼女の目的が変わったのかもしれない。しかし少なくとも、積木が倒れるまでのマコちゃんの活動は、保育者の動作の真似であり、彼女は保育者主導で動いていた。しかし、彼女を含めてこの事例における子どもたちは、保育者の活動のたんなる形通りの再現ではなくて、保育者よりも高いものを作ろうという想いが少なからずあるのではないか。

この事例においてだけではなく、真似される相手と真似する相手の気持ちが一体となる、ということがしばしば生じる。この事例でも、子ども同士のあいだでは、保育者の真似をして積木を積むことの楽しさが、さらに保育者と子どもたちのあいだでは、積木を高く積もう、という気持ちが共有されている。次節で述べるカナタくんとリョウスケくんの事例においても、真似されるカナタくんと真似するリョウスケくんのあいだには、目的や気持ちの共有がなされている。これは、手遊びの場合にも同じことがいえる。他の子どもや保育者の真似をして手遊びを行なう時も、他者と気持ちを共有し、一体になることに伴う楽しさである。それに対し、テレビの中のヒーローの変身の真似をする時は、ヒーローの気持ちになることはあっても、ヒーローと気持ちを共有することはできない。この事例や手遊びにおける真似では、ヒーローの変身の真似に比べ、他者関係が色濃く反映している。他者関係において共同化されることとの楽しさが、子どもたちのあり方に伴っている。模倣においてだけではなく、真似においても、このような豊かさを見ることができる。

以上本節では、他者の真似をしている場合でも、その真似の意味はそれぞれの子どもによってかなり異なっていることを、事例を通して明らかにしてきた。一人ひとりが同じ動作をしていても意味が異なることによって、遊びがさらに展開していく。真似は模倣に比べ他者関係が強く影響してはいないと考えられがちであるが、積木積みの事例からもいえるように、他者の真似をすることにも他者との気持ちや楽しさの共同性が見出される場合がある。

そこで次節では、一見すると本節で見てきたような他者との共同性が見られない遊びの事例を取り挙げ、こうした事例における子どもたちの共同性のあり方について探ることにしたい。

第5節　相互承認を導く真似のあり方

本節では、真似する側と真似される側がお互いに相手の行為を意味づけている事例を通して、真似の多様性を明らかにしていく。そのために、まずヘーゲルにおける相互承認についての思索に基づいて、真似を介した二人の子どもの相互関係を探ることにしたい。

まず1では、自由遊びで制作をしている時の二人の子どもの関係についての事例を挙げる。そのうえで2では、本節で解明のための理論的背景とした、観念論の創始者であるヘーゲルにおける主人と召使いのあり方に関する記述について考察する。この考察をふまえて、3では、本節の事例における子どもたちの他者関係のあり方を解明することにしたい。

1　真似を介した他者関係

まず、自由遊びで制作をしている時の二人の子どもの事例を挙げる。

【ジュースやさんごっこ】〔年長・20×1年6月29日・雨〕

保育室で自由遊びをしているほとんどの子どもたちが、集団でジュースやさんごっこをするための準備をしている。

カナタくんとリョウスケくんもこのごっこ遊びに参加し、ジュース作りをしている。カナタくんとリョウスケくんはそれぞれ、小さいペットボトルとスズランテープ〔以下「テープ」と略〕と氷に見立てたスポンジとハサミを用意し、ジュース作りを始める。

カナタくんがスポンジをハサミで細かく切っている様子を、リョウスケくんは見ている。見た後で、リョウスケくんは、カナタくんの真似をして、スポンジをハサミで切る。カナタくんは、途中でスポンジを切ることをやめて、材料を取りに行く。その様子を見ていたリョウスケくんも、カナタくんの真似をして材料を取りに行く。カナタくんは、小さな丸いスポンジを持ってきて、椅子に座る。リョウスケくんは、カナタくんの様子を見た後で、彼と同じように丸いスポンジを持ってきて、椅子に座る。

次にカナタくんは、ハサミで切ったスポンジをペットボトルの中へ入れる。リョウスケくんは、カナタくんの様子を見た後で、同じようにスポンジをハサミで切る。その後リョウスケくんは、カナタくんのペットボトルの中身を身を乗り出して確認してから、自分のペットボトルの中にスポンジを入れる。カナタくんは紫色のテープを入れる。リョウスケくんは、カナタくんの様子を見た後で、同じように紫色のテープを入れる。

続いて、カナタくんは水色のテープを手に取る。リョウスケくんは、カナタくんの様子を見て、水色のテープがないことに気づき、水色のテープを取りに、テープのある場所に行く。この時に、カナタくんは、テープを取りに行ったリョウスケくんの様子を後ろを向いて確認してから、テープをペットボトルの中に入れる。ここで、カナタくんは一瞬立ち上がるが、すぐに座る。それを見ていたリョウスケくんも、同じように立ち上がるが、すぐに座る。そして、カナタくんは、再びスポンジをハサミで切り、それのいくつかをペットボトルの中に入れる。リョウスケくんは、カナタくんの様子を確認した後で、カナタくんと同じようにスポンジをペットボトルに入れる。

カナタくんはハサミを持ってテープを取りに行く。カナタくんが立ち上がると、リョウスケくんもすぐに立ち上がり、ハサミを持ってテープを取りに行く。カナタくんは、黄色のテープをハサミで切ろうとし、リョウスケくんに「ぎゅっと持って」、と言って切るのを手伝ってもらう。しかし、テープはなかなか切れず、リョウスケくんはカナタくんに、「切ってあげようか」と言い、代わりにテープを切る。カナタくんはテープを持って椅子に座る。リョウスケくんは黄緑色のテープをハサミで切る。リョウスケくんも椅子に戻り、二人ともテープをペットボトルの中に入れる。

さらに、カナタくんは新たにテープを取りに行く。リョウスケくんも、カナタくんの様子を確認し、同じようにテープを取りに行く。カナタくんは、黄色のテープを選択する。リョウスケくんは、カナタくんの選んだテープの色を確認してから、自分も取りに行くが、先に切っている子どもがいたため、順番を待つ。リョウスケくんの番になると、再びカナタくんの傍へ行き、テープの色を確認する。リョウスケくんが赤色のテープをハサミで切っているあいだ、カナタくんは、丸いスポンジを取りに行く。テープをなかなか切ることができないリョウスケくんは、切ることを諦めて、丸いスポンジを取りに行く。そしてリョウスケくんは、ペットボトルに丸いスポンジを急いで入れる。

リョウスケくんとカナタくんは、作ったジュースをお互いに見せ合う。その後で、リョウスケくんが先に走りだし、カナタくんと一緒に担任保育者のところへジュースを見せに行く。保育者が二人に気づき、「リョウスケくんとカナタくんも作ってくれたの」、「何作ってくれたの」と声かけすると、カナタくんが「フルーツジュース」、と答える。

この場面は制作の時間ではなく、自由遊びの時間であったため、リョウスケくんは制作が苦手ということもあるかもしれないが、カナタくんと一緒に遊びたいという気持ちから、カナタくんの真似をして同じものを作っていたのではないか、と考えられる。この場面のような遊びの中の制作では、制作の時間に何かをそれぞれの子どもが作る場合とは異なり、個人の作業になってしまうと、友達と一緒に楽しく遊ぶ活動ができなくなってしまう。そのため、リョウスケくんはカナタくんと一緒に遊んでいるということを実感するために、あえてカナタくんの真似をして同じものを作っていたのではないか。また、カナタくんも、水色のテープをペットボトルの中に入れる時に、リョウスケくんの様子を確認していることから、一人で作っているのではなく、リョウスケくんと一緒に作っているような気持ちでいたのではないか、と考えられる。

　リョウスケくんがカナタくんの行為を再現していたことをカナタくん自身も感じていたため、二人の距離が離れていても、カナタくんはリョウスケくんの様子を後ろを向いてまで確認していたのであろう。ここでは、リョウスケくんは、カナタくんと同じ色のテープではなく、自分で選んだ色のテープを切っていた。リョウスケくんにとってはカナタくんと同じ行動をすることが重要であり、テープの色といった細かいことは重要ではなかったのではないか。そのため、事例を記述する際には、「リョウスケくんは、カナタくんの選んだテープの色を確認してから」と述べたが、そうではなくて、カナタくんの手にしたものが何であるかをリョウスケくんは確認していたのではないだろうか。こうしたことからすると、リョウスケくんは、カナタくんにおいていかれてしまうという焦りから、赤いテープを切ることを諦めて、丸いスポンジを取り、ペットボトルの中に急いでそれを入れたのではないか、と見る方が適切であろう。

　しかしここで考慮すべきは、カナタくんは、新たにテープを取りに行く際にはリョウスケくんがその場に来ると予想していたことが十分に窺える、ということである。たとえば、カナタくんは、当然のように、テープを切るのをリョウスケくんに手伝ってもらっていた。たしかに、二人は一緒に遊んでいるというより、リョウスケくんがカナタくんを真似していた。また、カナタくんがリョウスケくんに作り方を教えていたわけでもない。以下では、主人と召使いのあいだでのいわゆる主従関係の逆転といったヘーゲルによる解釈に依拠しつつ、この事例での二人の関係について捉え直していく。そうすることにより、カナタくんの中では、リョウスケくんが自分と同じ行為を再現してくれることが、自分の行為の確からしさを自身に確認させてくれている、ということが見えてくる。

2 ヘーゲルにおける主人と召使いのあり方

ヘーゲルは、主人と召使いとの関係について、「主人は、召使いという媒介を介して……欲求を……満足させる」(Hegel, 1807, S.151/ 120頁) としている。というのは、「主人は、物と自分とのあいだに召使いを差し込み、そのことによってのみ……物をひたすら享楽する」(ebd. /同所) からである。すなわち、主人は、自分で何らかの物に働きかけることをしないまま、物への働きかけを召使いに命じ、それを召使いにさせることにより、自分の欲求を満たそうとする。これはヘーゲルによると、召使いが主人の要求に応えることにより、主人は召使いによって、主人としての自分の存在を「承認」(a.a.O., S.152/ 同所) される、ということを意味している。主人は召使いが主人の命令に従ってくれて初めて、命令する者として存在できるのである。一方召使いは、自分の意志や欲求に従うのではなく、主人の命令に従って動くため、自分の意志で動いている、という意味での自分自身の存在は「廃棄する」(ebd./ 同所) ことにならざるをえない。そのため、両者は「本来的な〔=相互的な〕承認」(ebd./ 同所) の関係、すなわち、対等な関係にはなっていない。ヘーゲルは、「本来的な〔=相互的な〕承認となるためには、主人は、他方〔=召使い〕に対して行なうことを自分自身に対しても行ない、召使いは、自分に対して行なうことを、他方〔=主人〕に対しても行なう」(ebd./ 同所) ことが必要である、としている。このようでなければ、主人と召使いの関係には、「一面的で不平等な承認」（ebd.／同所）が生じていることにしかならない。

ここまでの論の展開は、主従関係についてのいわば常識的な見方が、ヘーゲルに独特の仕方で捉え直されたものでしかないであろう。しかしヘーゲルは、こうした捉え直しをするなかで、さらに次のような、常識をはるかに超えた主従関係の本質を明らかにしている。

ヘーゲルは、主人は、「自らにとって自立的な意識であるのではなく、むしろ非自立的な意識である」（ebd.／同所）という。つまり、主人は、自分で何かを直接実現したのでもなければ、自分の存在さえをも召使いの承認に委ねているために自分一人では自分自身の存在を保持できないという意味で、自立的な意識を抱くこともできないのである。それゆえ、「主人は、自分にとっての〔自身の〕存在を真理として確信しているのではなく、むしろその真理は非本質的な意識であり、非本質的な行為である」（ebd.／同所）ことにしかならない。主人は、召使いにすべてを行なってもらっており、自分一人では自分の行ないたいことを実現できないため、命令しているにもかかわらず、自分一人で存在することはできなくなっている。そのため主人は、自分の存在を本当に確信しているのではないことになる。それゆえヘーゲルは、「主人であることは、その本質が、自らそうでありたいと求めるものの逆であることを示していたように、召使いであることも、〔召使いたることが〕実現された時には、それとは反対のものとなるであろう」（ebd.／同書 121頁）とし、常識的な主従関係を逆転させている。すなわち、「召使いであることは、自己に押しもどされた意識として、自己のうちに帰り、真の自立態に逆転するであろう」（ebd.／同所）、という。要するに、常識的な捉え方とは異なり、主人は召使いの上に立っているのではなく、召使いによって上に立たせてもらっている。それゆえ召使いは、一見すると、主人の命令に一方的に従っているように思われても、主人からの命令を実現することによって、真の自立態というあり方をしているのである。主人と召使いの主従関係に独特の逆転の事態が起きているのである。

3　真似における対等な関係

もちろん、この事例におけるカナタくんとリョウスケくんの関係は、ヘーゲルのいう主人と召使いの関係ではない。仮に、この二人のあいだでヘーゲルのいう主人と召使いの関係が生じているとしたなら、カナタくんはリョウスケくんに材料を持ってくるように命じていただろう。しかしカナタくんは、自分が必要であると思った材料をリョウスケくんに持ってきてくれるよう頼んでおらず、自分で持ってきている。

しかし、ヘーゲルにおける、主人が召使いによって、主人としての存在を承認されるという観点から見てみると、カナタくんとリョウスケくんにおける次のようなあり方が明らかになる。

たしかに一見すると、カナタくんは能動的に活動をリードしており、一方リョウスケくんは自分から能動的に作品を作ることができず、カナタくんの行為を真似することによって、カナタくんに対し受動的なあり方をしている、と捉えられるかもしれない。しかし実際には、リョウスケくんがカナタくんの活動を再現してくれることにより、カナタくんは自分の活動に自信がもてるようになる。なぜならば、リョウスケくんという自分の友達が自分と同じ活動を再現してくれることは、自分の活動が自分自身にとって意味があるだけではなく、リョウスケくんにとっても意味があるということを感じられるからである。カナタくんの作業がリョウスケくんによって再現されるという仕方で真似されることは、ヘーゲルのいう主人が召使いに承認されることと同様のことになる。そのため、カナタくんは能動的に自分一人で作品を作っているように見えても、リョウスケくんがそれを再現してくれることによって、カナタくん自身が満足できるだけではなく、リョウスケくんとも達成感を共有することができる。そして、リョウスケくんも、カナタくんの真似をすることによって、カナタくんの作業を承認していることになる。その結果、リョウスケくんのあり方は、ヘーゲルのいうように、自己に押しもどされた意識として、真の自立態となる。

この後のテープを切る場面では、カナタくんは、リョウスケくんに「ぎゅっと持って」と言って、テープを切るのを手伝ってもらう。しかし、カナタくんがテープをなかなか切ることができなかったため、リョウスケくんが、カナタくんに「切ってあげようか」と言い、代わりにテープを切った。たしかに一見すると、この場面では、ヘーゲルのいう、主人（＝カナタくん）は、テープを切ることを召使い（＝リョウスケくん）に実現してもらうことによって、カナタくんはテープを手にすることができ、リョウスケくんもカナタくんの頼みに応えることによって、自分自身の存在の確かさを実感することができた、と捉えることができるかもしれない。

しかし、テープを切る場面と、材料を取りに行くなどのその他の場面では、カナタくんとリョウスケくんのあり方が異なっていた。テープを切る場面では、カナタくんはリョウスケくんにテープを切ってもらっていたが、その他の場面では、カナタくんはリョウスケくんに頼むことなく、自分で材料を取りに行き、制作をしている。主人の立場をとっているかのように思われるカナタくんは、テープを切る場面以外では、リョウスケくんに何かをしてもらうことはせず、むしろすべてを自分で行なっている。カナタくんは、リョウスケくんと達成感を共有しており、ヘーゲルにおける相互承認の関係を超えて、リョウスケくんと対等な立場をとっている。

また、リョウスケくんもカナタくんに頼まれることなく、材料を取りに行くカナタくんの様子を確認したうえで、自分の分の材料だけを取りに行き、制作をしている。たしかに、テープを切る場面においてリョウスケくんは、カナタくんの分のテープも切っている。そのため、リョウスケくんは、一見召使いの立場をとっているかのように見えるかもしれない。しかしリョウスケくんは、テープを切る場面以外では、カナタくんの作業を再現することによって、カナタくんがリョウスケくんと達成感を共有することに貢献している。しかも、リョウスケくんは、カナタくんの分のテープを切っただけではなく、自分の分のテープも切っている。これら二つのことは、リョウスケくんもまた、ヘーゲルにおける相互承認の関係を超えて、カナタくんと対等な立場をとっている、ということである。

リョウスケくんとカナタくんのあり方を、まずはヘーゲルの論理に沿うことによって見てきた。二人はヘーゲルがいうところの主人と召使いの相互承認の関係にあるように見えるが、むしろ彼の論理を超えた次元で対等な関係にあるといえよう。リョウスケくんは、何となくそのようなことを感じていたために、カナタくんと一緒に担任保育者のところに、自分のではなく、自分たちの作品を見せに行ったのではないだろうか。

だが、担任保育者に何味のジュースかと問われた際に、リョウスケくんが答えることができなかったのは、カナタくんの真似をして作っていたため、何味のジュースかまではイメージしていなかったと思われる。逆にカナタくんがフルーツジュースというイメージをもってジュースを作っていたことは、彼が即答したことからしても、明らかである。

しかし、リョウスケくんは、表面的にはカナタくんの真似をしているが、カナタくんの真似をすることによって、カナタくんの活動を暗黙のうちにコントロールしていることも考えられる。そのことにリョウスケくんもカナタくんも気づいてはいないが、実際にはそのようになっている可能性は否定できないであろう。

以上、本節では、一見すると、一緒に遊んでいないように見える子どもが、真似を介することで一緒に遊んでいる気持ちを共有していることが明らかになった。真似する側の子どもが真似される側の活動を再現することにより、真似される側の子どもは自分の活動に自信がもてるようになることさえ、保育においてはしばしば生じているのではないだろうか。そこには、真似をする子どもも真似をされる子どももお互いの活動を促しているという、子ども同士の関係がある。

本節では、一見すると真似されている子どもの能動的なあり方と真似をしている子どもの受動的なあり方とが対比されがちであるが、実は、両者は対等の関係を生きていることがある、ということが導かれた。

おわりに

子どもは園生活を送るなかで、保育者や他の子どもの真似を通して成長していく。そのため、子どもにとって真似が重要であると一般的にみなされている。しかし、真似と一言でいっても、そのあり方や機能の仕方はさまざまであるため、たんにひとくくりにして見ていてははなはだ不十分であろう。本章で明らかにしたように、真似をしている子どもたちの豊かなあり方を深く探ることが求められる。他の子どもの真似をすることで、真似をした子どもが集団活動に参加できたり、制作物を作ることができたりといったように、真似が子どもの自信につながる行為にもなることはいうまでもない。しかし、このことを超えて、真似される子どもと真似する子どものあいだに共同性が見出され、お互いの活動が促されることもしばしばある。真似を介して子どものあり方が豊かに展開していくということが、十分に期待されるであろう。

第2章　子どもの活き活きとしたあり方の本質

鈴木志織・中田基昭

はじめに

保育所や幼稚園においては、多くの場合、年齢別にクラスが編成されている。この場合には、一般的な能力をある程度共通してそなえている子どもたちの保育がなされている、ということが前提となっている。しかし、たとえ同じクラスに属する子どもであっても、個々の子どもに着目してみると、その時々の心理的状態や身体的状態などによって、子どもが見せてくれる姿は大きく異なる。こうしたことからも、同じ年齢だからなどといった一般的な捉え方に従って子どもを捉えるだけでは不十分なことが、容易に理解できる。一例として、手持ち無沙汰な時の子どもの姿を取り挙げてみよう。

幼児教育の実践現場では、同じような身体の動きを意味もなく繰り返している子どもがしばしば見られる。このような時、子どもは手持ち無沙汰な状態にある、とみなされる。しかし、手持ち無沙汰な時には同じような身体の動きを何の意味もなく繰り返すといっても、個々の子どものあり方に着目してみると、紐やブロックをグルグルと回したり、自分の身体を小刻みに動かしたり、近くにいる子どもにちょっかいをかけたりと、その行為はさまざまである。そのため、一般的な捉え方では、一般的な状況における子どもの平均的なあり方に即して子どもを理解したことにしかならず、表面的な子ども理解で終わってしまうことが多い。現実の具体的な教育実践に貢献できるような教育研究となるためには、むしろ、こうした行為を行なっている子ども一人ひとりのあり方に迫ることによって、手持ち無沙汰な状態をこうした行為によって何とか紛らわそうとしている、個々の子どものあり方を明らかにしなければならないのである。

このように、保育現場においては、一人ひとりの子どものあり方をどれだけ深く豊かに理解できるか、ということが重要になる。そのためには、保育現場で、子どもがそのつどの現実的で具体的な状況でどのようなあり方をしているかに着目して、その時々の個々の子どものあり方を個別的な視点で捉えることが必要である。本章では、幼稚園で行なった参与観察による事例を基にして、特に活き活きとしたあり方をしている子どもたちのそのつどの事例における個別的なあり方の根底に潜んでいるであろう、その子どもの本質的なあり方を探るとともに、本書冒頭の「課題と方法」で引用した木村がいうところの、個別を超えた普遍性を解明したい。

こうした課題を遂行するために、第1節では、独創的な思索の個別性と現実の人間のあり方の普遍性という観点から、本章の意義についてまず述べておくことにする。

第2節では、アリを集めている子どもの事例に基づいて、皮膚感覚という観点から、生き物に触れる時の子どもにはどのようなことが生じているのかを明らかにする。

第3節では、いわゆる空き時間を楽しんでいる子どもの事例に基づいて、探索行動と遊びにおける目標のあり方の違いという観点から、空き時間であるにもかかわらず、自ら遊びを活き活きと展開し

通信用カード

■このはがきを，小社への通信または小社刊行書の御注文に御利用下さい。このはがきを御利用になれば，より早く，より確実に御入手できると存じます。
■お名前は早速，読者名簿に登録，折にふれて新刊のお知らせ・配本の御案内などをさしあげたいと存じます。

お読み下さった本の書名

通 信 欄

新規購入申込書 お買いつけの小売書店名を必ず御記入下さい。

（書名）	（定価）￥	（部数） 部
（書名）	（定価）￥	（部数） 部

ご氏名《ふりがな》　　　（　　歳）
ご職業

〒　　Tel.
ご住所

e-mail アドレス

ご指定書店名	取次	この欄は書店又は当社で記入します。
書店の住所		

郵便はがき

恐縮ですが、
切手をお貼り
下さい。

101-0051

（受取人）

東京都千代田区神田神保町三―九
幸保ビル

新曜社営業部 行

通信欄

ている子どものあり方を明らかにする。

第４節では、こうした空き時間にピアノを弾くような動きをし、その後、保育者に出席帳を見せるために列に並んでいる時の子どもの事例に基づいて、集団が醸し出す雰囲気という観点から、雰囲気に溶け込んでいる時の子どものあり方について明らかにする。

第５節では、子ども同士で身体的に関わり合う活動をしている事例に基づいて、一つの身体への組織化という観点から、他者と身体的に接触している時にはどのようなことが生じているのかということを、その際の子どものあり方と共に明らかにする。

第６節では、手遊びをしている子どもたちの事例に基づいて、前交流や相互浸蝕や一つの身体への組織化やおぎない合う呼応という観点から、他の子どもが発している言葉や行なっている動作を同じように繰り返している時の子どものあり方を明らかにする。

第７節では、歌を歌う子どもの事例に基づいて、充実感や欠如に基づく可能性の実現という観点から、一生懸命に歌を歌う子どものあり方を明らかにする。

第１節　現実の人間のあり方における本質の凝縮

ごっこ遊びで戦隊モノのヒーローの動きを再現している幼児は、再現されるヒーロー、たとえば○

○レンジャーの身体の動きや言葉を正確に繰り返そうとしている。事実、子どもがヒーローごっこをする時に、「○○レンジャーはこのような変身の仕方はしない」とか、「○○レンジャーの武器は腰にさし、このような使い方をするのだ」という言葉を発しているのをしばしば耳にする。彼らは、このような変身の仕方をしなければ○○レンジャーではない、武器を腰にささなければ○○レンジャーではない、といった仕方で、ヒーローの本質を捉えている。しかも、変身の動きを再現している時には、ヒーローが悪者をやっつける時の雰囲気へと子ども自身が滑り込んでいき、子どもはヒーローの全存在を捉えようとしている。この時の子どもは、まさに現象学における他者の捉え方と同様のことをしている。この時の子どもは、ヒーローという他の人間の全存在を見出しており、具体的で現実的な人間のあり方に実感をもって迫り、遊びの中で見事に実現している。

ヒーローごっこにおける子どもによるヒーローのこうした捉え方は、保育実践の現場における現実的で具体的なある子どもの存在の本質を捉えようとする研究者のあり方と変わるところはない。しかし当然ながら、このようなことを子ども自身は言葉でもって語ってくれはしない。子どもは以上に述べたような仕方で他者の本質を捉え、その結果を実際に身体を使って表現してくれてはいるものの、それを言葉にしてくれはしない。

ヒーローの変身を再現する子どものあり方が、以上に述べたような深く豊かな意味をもっているということは、「課題と方法」で引用したメルロ－ポンティの言葉に出会うことによって初めて捉えることができるようになる。まさに哲学における思索と現実の人間の営みとのあいだの密接な関係が、現実の子どもの活動を介して明らかとなる。

そもそもメルロ－ポンティのような思索者や研究者によって記述されていることは、それが独創的であるあいだは、いまだ普遍的なものとはなっていない。というのは、ある思索者の思索内容が独創的であるということは、他の人間によってはそれまで全く思いつかなかった内容を含んでいるため、当の思索者に妥当するだけの個別的なものでしかなく、普遍的ではないからである。メルロ－ポンティのような思索者の述べたことが、たとえ本質を捉えていたとしても、現実の人間の具体的な営みに出会わなければ、本書の場合は子どもの具体的な活動と出会い、現実の出来事や人間によって具体化されなければ、思索者や研究者の内面に留まるだけの個人的な見解のままでしかない。

哲学や研究における独創性と個別性が、現実の人間の営みによって普遍性をもたらされることについて、模倣についてのガダマーによる思索に即して考えたい。ガダマーによれば、何かや誰かの言動を再現する際にそれが模倣となるためには、再現に際し、「〔現実を〕模写するだけの繰り返しではなく、本質の認識」(Gadamer, 1975, S.109/１６６頁) が重要な機能を果たす。つまり、そのためには、現実に生じた言動をただ繰り返すだけではなく、その言動の背後にある本質までも的確に認識する必要がある。

さらに、模倣においては、「〔本質に関わらないものを〕削除したり、〔本質を〕浮き彫りにする」(ebd./同所) ことが求められる。しかし模倣が本当にこうした仕方での再現であるということは、このような捉え方が独創的であるかぎり、いまだ普遍的ではない。

先ほどの、悪者をやっつけるヒーローが変身する時の身体の動きをテレビを観た後で再現する子どもを考えよう。この時子どもは、○○レンジャーが変身する際の身体の動きはどのようなものであり、武器を使う時にはどのような使い方をするのかということを捉えており、そのことを捉えなければ○○レンジャーの変身の動きではなくなってしまうことを十分に理解している。この時の子どもは、ガダマーがいうところの模倣における本質の浮き彫りを実現している。

しかしだからといって、当然のことながら、変身をしても現実には普段着の状態を脱することはできないため、○○レンジャーの戦闘服になることはないし、武器からビームが出てくるわけでもない。このようなことは、ヒーローの変身のポーズをする際には省略されている。ガダマーがいうところの模倣において本質の浮き彫りをすることと、本質に関係ないものは削除されるということが、戦隊モノのヒーローの動きを再現している時の子どもの具体的で現実的なあり方によって顕在化されている。ここでは、模倣についてのガダマーの思索が、現実に具体化されている。独創的で個別的でしかなかったガダマーの思索が、現実の人間の具体的な活動によって普遍化されている。

さらには逆に、通常は子どもがテレビのアニメ番組の一場面を真似しているだけであり、一見すると何ら子どもの豊かさを現わす活動ではないとみなされるような、日常的に全く当たり前に行なわれているこうしたヒーローごっこの深い意味が、ガダマーの思索に出会うことにより、明るみに出されることにもなる。ある特定の子どもの○○レンジャーの再現という個別の出来事に深く沈潜し、その出来事をガダマーの思索と結びつけることにより、この個別の出来事の根底にある、他者の身体活動の模倣において生じている普遍的で深いあり方が明らかとなる。

学問や研究によって明らかにされた本質は、現実的で具体的な出来事や人間のあり方を根底で支えている時にのみ、個別性を脱して、普遍性をそなえている深い本質として明らかにされる、といえよう。現実的で具体的な出来事や人間のあり方には、学問や研究の本質が凝縮されており、この凝縮をひもとくことが人間を研究する際に求められている、ということになる。本章においても、事例を現象学の言葉でたんに説明するのではなく、特定の子どものあり方や子ども同士や保育者との関係といった、具体的で現実的な事例に基づきながら、その事例に潜んでいる根源的なものへと沈潜することにより、それらの事柄に凝縮されている思索者の言葉の本質を解きほぐしたい。

第2節　生き物に触れることの意義

本章では、本章の「はじめに」で述べたように、活き活きとした子どものあり方の本質を事例に即して明らかにすることを課題とする。この課題を遂行するために、本節では、捕まえたアリに意識を向けたり触れたりする時の子どものあり方を、他者経験を根源的に支えているのはどのようなことか、という観点から明らかにする。

そのために、本節の1では、ある子どもが足場の不安定な遊具の上をあえて渡ろうとしたのはなぜなのかを探る。続いて2では、そもそも生き物に触れる時にはどのようなことが生じているのかを、皮膚感覚という観点から明らかにする。そのうえで、本節の課題である子どものあり方の根底にある本質を解明する。

本節で取り挙げるのは、以下の事例である。

【アリ集め】〔年中・20×1年5月17日・晴れ〕

園庭での自由遊びの時間に、ハナちゃんとソウマくんは一緒になって、透明なプラスチックのカップにアリを集めている。二人は地面にしゃがんで、アリを指で摘まんで、ハナちゃんの持っているカップに入れる。ハナちゃんは、アリがカップに入ったことを確かめると、カップの蓋を閉めて立ち上がる。カップの蓋の部分を何度か軽く叩いた後、カップを高く持ち上げ、カップの中に入っているアリの様子を眺める。ソウマくんが、「ここにもいたよ」と指でアリを摘まんで見せると、ハナちゃんはカップの蓋をすぐに開ける。ハナちゃんは、カップの中に入ったアリを指でつつくようにして触り、再びカップの蓋を閉める。その場にしゃがんでアリを探しているソウマくんを見て、ハナちゃんもその場にしゃがむ。そして、再びアリを捕まえたソウマくんを見て、ハナちゃんはカップの蓋を開けて、ソウマくんの方へカップを差し出す。

その後立ち上がった二人は、アリがいないかと、地面をキョロキョロと見回しながら、砂山の斜面に沿って歩いて行く。そしてアリを見つけては立ち止まり、カップの中に入れるという動作を繰り返す。また、カップにアリを入れて蓋を閉める際、ハナちゃんは、何度か蓋を軽く叩いて、きちんと閉まっていることを必ず確認し、カップの中に入っているアリをじっと見る。実際にアリを捕まえているのはソウマくんがほとんどで、ハナちゃんはソウマくんが捕まえたアリをカップに入れる役割を担っているようである。しかしソウマくんがなかなか捕まえられない時には、ハナちゃんはカップの蓋をソウマくんに渡し、自らが捕まえる姿も見られる。この時にも、アリをカップに入れるとすぐにソウマくんから蓋を受け取り、アリがカップから逃げてしまわないよう、注意している。

アリをたくさん捕まえると、ハナちゃんが先頭になって、二人で砂山に登る。たまたま近くにいた年少の子どもに捕まえたアリを見せようと、ハナちゃんはカップを高く上げながら、年少の子どもに近づく。年少の子どもにアリを見せると、二人は再び砂山を歩いて行く。ハナちゃんが遊具の方を指さして、その方へ行くことが決まると、二人はもと来た道を早歩きで戻って行く。ハナちゃんは、砂山から降りると立ち止まり、指でカップの中に入っているアリに触れる。その後、遊具に近づき、アリの入っているカップの方へ視線を配りながら、ハナちゃんは遊具の階段を登る。階段を登った後、再び立ち止まり、両手でカップを持って、カップの中に入っているアリの様子を窺う。

その後、足場が不安定な遊具の上を歩くが、その時にも視線をアリの入ったカップの方へ常に向けながら、歩を進める。トンネルの滑り台の近くまで来て、カップの中に入っているアリに触ってから、滑り台の前にしゃがんだ時にも、しばらくのあいだカップの中に入っているアリに触る。滑り台を滑り終わったハナちゃんは、アリの入ったカップを高く上げながら、私〔＝筆者〕に見せて、「全部こっちに行っちゃった」、と笑って言う。その後、カップの蓋を開けて、片方に寄ってしまったカップの中のアリが均等になるように指で動かす。アリに触れるハナちゃんからは、活き活きとした姿が窺える。

活き活きとした子どものあり方を探るため、本節ではそうした子どものあり方を典型的に現わしている、この事例におけるハナちゃんのあり方に迫りたい。そのための端緒として、本節の1では、あえて足場の不安定な遊具の上を歩いているハナちゃんが何をどのように実感しているのかを明らかにしたい。

1　慎重なあり方の実感

園での自由遊びの時間に、子どもたちが生き物を手に持ったまま、足場が不安定な場所を歩く姿はしばしば見られる。この時の子どもたちは、どのような想いからそのような行動をとっているのだろうか。この問いに答えるために、ここでは、ハナちゃんがアリの入ったカップを持ちながら、遊具の階段を登る時や、足場の不安定な遊具の上を歩いている時のあり方について探りたい。

ハナちゃんは遊具の階段を登る時や、足場の不安定な遊具の上を歩く時、滑り台を滑ろうとする時など、どの場面においても、カップに入ったアリの様子を気にかけていた。このことからすると、アリを大切にしたいという想いが強い、と捉えられるかもしれない。しかしそれだけではなく、アリが逃げてしまわないように、という意識もあったのではないだろうか。カップには蓋があるため、実際にアリが逃げてしまうことはないが、ハナちゃんの中では、走ったりすると、もしかするとアリが飛び出てしまうかもしれない、などといった感覚があり、彼女は慎重にカップを扱わなければならない、と思っていたかもしれない。このことからすると、カップの中に入っているアリにたびたび触れていたのも、もしかするとアリが出ていってしまうかもしれないと感じて、アリを下の方に移動させるためだったのかもしれない。

しかしここで探らなければならないのは、なぜこの時彼女は、足場の不安定な遊具の上をあえて渡ろうとしたのだろうか、ということである。というのは、アリがカップから逃げないようにするためには、足場の不安定なところを避けるはずだからである。地面の上を歩くよりも、あえて足場が不安定な遊具の上を歩く時の方が、より慎重な歩き方をしなければならなくなる。逆の観点からいいかえれば、カップを慎重に扱っているということを実感するためには、たんに地面の上を歩くよりも、足場が不安定な場所を歩いた方が、その度合いがより強くなる。たんに地面の上を歩く時には、それほど慎重にならなくても、アリがどうにかなってしまう可能性はかなり低い。つまり、「自分はこれほどまでにアリを大事にしているんだ」ということを実感するために、彼女はあえて足場の不安定な遊具の上を歩いたのであろう。

また、トンネルの滑り台を滑る時にも、滑っている最中は暗くて、カップの中を見ることはできない。しかし、滑り台を滑るという行為そのものよりも、滑り台を滑る最中にカップを落としてしまう、などといったことが絶対にないように、慎重に滑り終えることができるという能力、つまり自分はどの程度まで慎重な活動を実現できているのか、という能力を、彼女はおそらく自分で確かめていたのではないだろうか。そして、滑り台を滑り終えた時には、そのような能力が発揮されたと実感できたため、一層嬉しくなったのであろう。

ハナちゃんがあえて以上のような慎重なあり方を保ち続けたのは、アリという生き物に彼女が直接関わっていたからであろう。次の2で明らかになるように、自分が関わっているものが本当に生きているということ、すなわちそのものの生気を最も敏感に感じられるのは、皮膚感覚のレベルであり、ハナちゃんも、実際にたびたびアリに触れていた。こうしてハナちゃんは、アリが本当に生きているんだ、ということを実感していたからこそ、一貫して真剣なあり方をせざるをえなかったし、そういうあり方をより強く感じられる行動をしたと考えられる。次の2では、実際にアリに触れている時のハナちゃんのあり方を、皮膚感覚という観点から明らかにしたい。

2　皮膚感覚を介した生き物の生気

園での自由遊びの時間に、子どもたちが身近にいる生き物に関わったり触れたりする姿はしばしば見られる。では、そうした時の子どもたちは、どのような想いから生き物に関わったり触れたりしているのだろうか。ここでは、そのことをメルロ－ポンティに依拠しながら明らかにする。

この事例においてハナちゃんは、自分の指で実際にアリに触れている。では、ハナちゃんは、どのような想いからアリに触れたのだろうか。ハナちゃんのあり方を理解するために、まずはそもそも生き物に触れる時にはどのようなことが生じているかについて、メルロ－ポンティと共に探っておきたい。

メルロ－ポンティによると、「私にとって他者が存在しなければならないとすれば、それはまず思考のレベルよりもさらに下の層においてでなければならない」(Merleau- Ponty, 1960, pp.214-215/ 20頁)とされる。なぜならば、「他者についての経験は……まず《皮膚感覚的》なものである」(ibid., p.213/同書 18頁)からである。つまり、身体的な接触による皮膚感覚が、他者の存在を実感するにあたっての根拠になっている。このことは、自分の手のひらで実際に動物などの生き物に触れている時に自分の身体で生じていることに意識を向ければ、容易に理解できるであろう。

たとえば、愛犬が自分の膝の上でうとうととして、眠りに就こうとしていたとする。そこで、愛犬が落ち着いて寝ることができるようにと、背中を優しくさすったり、リラックス効果があるといわれるツボを撫でたりしたとする。この時には、愛犬をのせた自分の膝と、自分の膝にのっている愛犬の身体が接触している部分では、お互いの肌のぬくもりや柔らかさなどといった「感覚的なもの」（ibid., p.211／同書16頁）が両者によって共有され、直に感じられている。つまり、私の身体と愛犬の身体が直接触れ合っているということは、両者のあいだで生じている皮膚感覚を両者が同じ感覚的なものとして共に感じている、ということである。そして、このような仕方で互いの皮膚感覚が直に感じられているからこそ、愛犬が生きている、あるいは自分の膝の上で落ち着いて眠っているということが、頭で考えなくても、メルロ－ポンティの言葉を使えば、思考のレベルよりもさらに下の層において感じることができるのである。我々は他者の存在を、頭で考えるよりも先に、皮膚感覚を通して感じている、といえよう。

このように、他者経験を根源的に支えているのは、メルロ－ポンティのいうように、他者が「生気を帯びた肉体」（ibid., p.213／同書19頁）として現われてくる、肌のぬくもりや柔らかさといった、皮膚感覚としての感覚的なものを介してである、ということが明らかになる。

他者経験を根源的に支えているものについてのメルロ－ポンティによる以上の思索をふまえて、滑り台を滑り終えた後に、ハナちゃんが指でアリに触れている時の彼女のあり方について探ってみよう。

ハナちゃんは、滑り台を滑ったためにアリが一方に偏ってしまい、「重なり合ってしまってかわいそう」、などといった想いを抱いていたかもしれない。あるいは、「アリはきちんと生きている」ということを確かめるためにアリに触れた、という捉え方もできるのではないだろうか。たしかに、アリが動いていれば、生きているということは確認できるかもしれない。しかし、人間同士の関わりにおいてもそうであるように、他者が生気を帯びて現われてくるのは、メルロ－ポンティのいうように他者との身体的な接触においてであり、視覚よりも触覚を介しての方が、他者が本当に生きているのだ、という感覚がより強まるであろう。そのため、ただ見るだけではなく、指先で実際に触ってみることによって、アリが「本当に動いている、生きている」ということを明確に実感できるため、ハナちゃんはアリに触れたのではないだろうか。つまり、アリに直接触れるということが、アリが本当に生きていることを実感をもって確かめるための、まさに適切な活動になっているのであろう。

本節では、ハナちゃんが足場の不安定な遊具の上をあえて渡ろうとしたのはアリを慎重に扱っていることを実感するためであった、ということを明らかにした。さらに、皮膚感覚という観点から、ハナちゃんが指でアリに触れている時の彼女のあり方を明らかにした。

そこで次節では、活き活きとした子どものあり方をさらに探るために、探索行動か遊びかという観点から、保育の流れのいわゆる空き時間に、床に寝転んだり列車のようにつながって動き回ったりしている時の子どものあり方を明らかにしたい。

第3節　探索行動と遊び

本節では、保育の大きな流れのあいまに生じてしまう短時間に、何らかの課題が与えられていないという意味での空き時間であるにもかかわらず、自ら遊びを活き活きと展開している子どものあり方を、探索行動と遊びにおける目標のあり方の違いという観点から明らかにする。

そのために、まず1では、探索行動か遊びかの違いは、それぞれにおける目標のあり方の違いである、ということを明らかにする。続いて2では、遊びにおける繰り返しの楽しさに着目して、子どものあり方を解明する。

本節で取り挙げるのは、以下の事例である。

【空き時間を楽しむ】〔年中・20×1年6月7日・雨〕

雨が降ってきたため、園庭での自由遊びを終えて、保育室に数人の子どもが戻って来た場面である。床に転ぶように少し勢いよくうつ伏せになり、「いて！」とか、「ゴロゴロゴロ」と言う子どもがいる。その様子を見て、カズキくんは廊下で仰向けになり、足を持ち上げて勢いよく床に降ろし、「いて！」と笑いながら言う。カズキくんは、床に寝転がったまま、保育室の奥の方にいる子どもたちに視線を向けた時、ショウくんも同じように床に寝転がっているのを見つける。そこでカズキくんは、立ち上がって保育室に走って入り、滑るようにうつ伏せになり、手足をばたつかせる。その際、ショウくんはカズキくんとは逆に、廊下へ走って来て寝転がったため、カズキくんも起き上がって、再び廊下の方へ出て来る。そして、カズキくんはショウくんに近づき、拳で軽くショウくんのお腹にパンチをする。その後、カズキくんとショウくんは同時に保育室の奥の方に走り、カズキくんは再び床に寝転がる。ショウくんは寝転がらずに、机に少し寄りかかった後、すぐに廊下の方へ走り、それに気づいたカズキくんも、ショウくんの後に続いて廊下の方へ行く。その後カズキくんは、ショウくんの両手を後ろから掴んで、ショウくんの後ろを歩く。その際カズキくんは、ショウくんの後ろにただ続くのではなく、力を加えてショウくんを押すようにして、ショウくんの進む方向を決める様子も見られる。それに対して、ショウくんも、「どこまで続くのこれって」、と笑いながら言葉を発する。

その後カズキくんは、ショウくんの腕を掴んだまま、回転する。カズキくんは、ショウくんの腕を離し、笑いながら再び床に勢いよく寝転がる。その様子を見て、ショウくんも床に寝転がる。その後、カズキくんは被っていた帽子をとり、何回か回転させた後、ショウくんと他の子どもと一緒にロッカーに帽子をしまいに行く。カズキくんは、帽子をしまうとすぐに、走って滑るように床に寝転がるが、ショウくんが床に座っているのを見つけると、ショウくんのいる方へ走って行き、その勢いでショウくんを床に倒すようにする。カズキくんの後ろには他の子どももいて、その子どもはカズキくんの上に覆い被さるような動きをする。その後カズキくんは廊下まで走り、廊下で「グーチョキパー」の手遊びをしていた子どもの後ろに列車のようにつながる。カズキくんは、手遊びをしていた子どもから一度は離れるものの、再び近づいて行き、笑いながらその子どもの服を掴む。

本節では、この事例に基づき、第2節と同様、活き活きとした子どものあり方についてみていくが、1では、まず探索行動と遊びとの違いを明らかにしておく。

1　探索行動と遊びとの区別

ここでは探索行動と遊びとの違いを明らかにする。というのは、一見すると同じような活動に思えても、それが探索行動であるか、それとも遊びであるかによって、当の活動の意味が異なってくるからである。そこで、この違いを明らかにするために、探索行動とは異なり、遊びにおいては同じ活動が繰り返されるということ、すなわち往復運動が生じている、ということに着目したい。その際に、往復運動という観点から遊びについて考察しているガダマーにまずは依拠したい。

ガダマーによると、「遊びという運動は、終るべき目標をもたず、むしろたえざる繰り返しの中で更新される」ものであり、「あてどのない往復運動」となっている（Gadamer, 1975, S.99／１４８頁）とされる。つまり、日常生活においては、何かを達成することが目的となっており、それを達成したらそこに至る一連の活動は終わってしまうけれども、遊びには最終目的というものが設定されていない。たとえば、子どもが泥団子を作っている時について考えてみる。

子どもは両手で泥を丸めたり、固めたりしたうえに、さらさらの白い砂までかけて、一つの泥団子を完成させたとしよう。すると、子どもは、そのようにして丹念に作った泥団子を「おいしいお団子ができましたよ。食べてください」とか、あるいは「お団子やさんですよ。いかかですか」などといった仕方で、友達に渡すであろう。そして、新たなお団子を再び作り始める。この場合には、お団子を一つ作ったら終わり、というような最終目的が設定されておらず、同じ行為がたえず繰り返されて遊びが成立している、ということができる。しかし、もしも子どもが、「この泥団子はきれいにできたから、靴箱の上に飾っておこう」と言って泥団子を飾って、他の遊びに移ったとしたら、この子どもの活動は制作となり、遊びとはいえなくなってしまう。なぜなら制作は、遊びとは異なり、最終目的があって、制作の完成をめざすことであるからだ。他方、遊びとしてのたとえば鬼ごっこにおいては、鬼が全員を捕まえたら終わりになるのではなく、もう一度同じことが繰り返されることになる。また滑り台においても、一度滑ったからといって、それで遊びが終わることはなく、繰り返し滑る、ということになる。つまり、鬼ごっこや滑り台においても、全員を捕まえたり、一回滑ったりすることが遊びの目的とはなっていないのである。

しかし、活動が繰り返されればその活動は遊びだ、と常にみなすことができるのだろうか。この問いに答えるために、以下では、横井に依拠しながら、探索行動と遊びとの微妙な違いの内実を明らかにする。

本節の事例では、園庭での自由遊びの最中で雨が降ったために、子どもたちは保育室に戻った。だがこの時には、担任の保育者から、保育室に戻ったら何をするのかということを伝えられていたわけではなかった。だからといって、子どもたちは、玩具などを出して遊んでもよい時間ではないことを、おそらく理解していたであろう。しかし同時に、このような状況の中で、保育者や他の子どもたちが保育室に戻ってくるのをただ待つことは退屈だ、という想いを子どもたちは抱いていたであろう。それゆえ、退屈さを紛らわせようという想いから、床に転がったりする子どもが出てきたのだろう。そして、それまでは床に転がることをしていなかった子どもも、床に転がる子どもの様子を見て、おもしろそうだと興味を抱いたのであろう。こうして転がるという動きが子どもたちの中に広がっていったのではないだろうか。

そうだとするなら、この事例における子どもたちの活動は遊びであったのだろうか。この問いに答えるために、探索行動か遊びかの違いが微妙な活動について、横井と共にまず探っておくことにしたい。というのは、本来、探索行動と遊びは全く異なった活動であるはずだが、実際にはその区別が微妙で、一見すると探索行動と思われても、実は遊びであった、という場合があるからだ。また反対に、一見すると遊びと思われるが、実は探索行動であったということも、子どもの場合には少なくないからである。

横井によると、探索行動とは、「新しく出会った対象についての情報を収集するために、見る、聞く、触る、いじくるなどの活動を行なうこと」（横井 2016、120頁）とされる。つまり、探索行動とは、新たに出会った対象がどのようなものであるのか、あるいは自分の行為によって自分自身や他者や物に対してどのような影響が生じるのかということを、子ども自身が身体を使って人や物と実際に関わることによって探る行為のことである、といえる。他方、遊びは、ガダマーに基づきながら探ったように、最終目的が設定されておらず、同じ行為がたえず繰り返される。

探索行動と遊びとの以上の違いをふまえたうえで、探索行動と遊びについて具体例を交えながらさらに詳しく探り、この事例におけるカズキくんやショウくんのあり方を明らかにすることによって、上述の問いに答えることにしたい。その具体例として、横井も挙げている、つかまり立ちができるようになった子どもが、椅子につかまって立とうとしている時のことを取り挙げたい。

つかまり立ちはできるようになったものの、床にお尻をつけて座るということはいまだできない、つまり「おすわりにはまだ自分で戻れない」（同書 123頁）という時期がある。そのためしばらくすると、疲れてしまうため、こうした子どもは、つかまっていた物から手を離して、後ろに倒れてしまう。このようなことを何回か経験した母親は、子どもがつかまり立ちをしている時、手を離して後ろに倒れてしまうと危ないから、子どもを「抱きかかえておすわりに戻す」（同所）ようにする。しかし子どもは、椅子につかまって立つことを何度もしようとする。

この行為は、子どもにとって探索行動であろうか、遊びであろうか。たとえばテーブルの上に何かがのっていて、それを取ろうとしてつかまり立ちをする場合があるだろう。それゆえ、テーブルの上にのっている物を取って何かしたいと子どもが思っている場合には、この時の子どもの行為は探索行動である、といえる。しかしこの例の場合には、そこに至る前に母親が子どもを座らせてしまったため、探索行動か遊びかの判断がこの時点ではできない。もしもこれを母親が探索行動だと感じて、子どもがずっとつかまり立ちをしているのは危ないという理由から、母親がテーブルの上にのっていた物を子どもに渡して、子どもを床に降ろしたとする。この時の行為が探索行動であったとしたら、つまり「現実の目的を遂行するための手段として」（同所）つかまり立ちをしていたのなら、テーブルの上にのっている物を取ってもらえたことによって、目的が達成され、子どもが再びつかまり立ちをしようと椅子に近づくことはなくなるはずである。このように、テーブルの上にのっている物を取ってもらえた時につかまり立ちをするという行為が繰り返されないならば、この場合は探索行動である、ということができるだろう。

たしかに、テーブルの上にのっている物を取ってもらえるまでは、何度もつかまり立ちをするため、同じ行為が繰り返されており、そのため一見すると、この時の子どもの活動は遊びであると捉えられがちかもしれない。ここで考慮しなければならないことは、まさに横井が指摘しているように、「繰り返されれば、すべての行為が遊びになるわけではない」（同所）ということである。たとえ何度かつかまり立ちを繰り返していたとしても、このことでもってその行為は遊びと必ずしもいえるわけではない。テーブルの上にのっている物を取ってもらえた時に、つかまり立ちをするという行為が繰り返されることがなくなったならば、この時には、テーブルの上にのっている物を取るという目的が子どもの中にあったことになる。したがって、同じ行為が繰り返されればそれがすべて遊びと捉えられるのではなく、「目的の有無が、遊びであるかどうかの判断基準となる」（同所）といえる。目的があるのかないのかによって、探索行動と捉えられるか、遊びと捉えられるかが異なってくるのである。

母親にテーブルの上にのっている物を取ってもらえた時に、子どもがつかまり立ちを繰り返さなくなる場合には、この子どもの行為は探索行動と捉えることができる。他方で、子どもが母親から渡された物には興味を抱かず、再びつかまり立ちをしようとし、それを見た母親が子どもを床に降ろすということを繰り返したのであれば、この時の母親の子どもに対する関わりは、「子どもの遊びの世界を成り立たせ、遊びの繰り返しを支え」（同書 125頁）た、ということができる。よってこの時には、母親が子どもの遊びに加わっていることになり、子どもは母親が加わったことによって、「もっとやりたい」という想いを促されており、この時の子どもの行為は遊びである、といえる。遊びの場合には、つかまり立ちをして、テーブルの上にのっている物を取ることが目的となっているのではなく、その行為の繰り返しが楽しいのである。

以上、同じ活動が繰り返されていたとしても、その活動には、探索行動か遊びかという違いがあることが明らかになった。そこで次の2では、これらの違いに即して、本節の事例におけるカズキくんやショウくんのあり方を明らかにしたい。

2　遊びにおける繰り返しの楽しさ

何らかの活動が繰り返されれば、それらはすべて遊びというわけではなく、目的の有無によって探索行動か遊びかの違いが生じる。このことをふまえたうえで、本節の事例におけるカズキくんとショウくんが寝転んだり、列車のようにつながって動き回ったりする行為は、探索行動であるのか、それとも遊びであるのか、ということについて探ってみたい。

この事例において、カズキくんは、最初はショウくんの両手をたまたま掴んだのであろうが、その際にショウくんの後ろにただ続くのではなく、力を加えてショウくんを押すようにして、二人が進む方向を決めていた。さらにショウくんも、「どこまで続くのこれって」、と笑いながら言葉を発したりと、カズキくんに対応するような動きをした。

この時の彼らのような身体的関わり合いが生じた場合には、後ろについた者が前にいる者について行く、つまりショウくんの後ろにカズキくんが続くのが一般的であろう。しかしこの事例では、あえて後ろについたカズキくんが力を加えたり、ショウくんが先に引用した言葉を発したことによって、彼は、後ろについた者が前にいる者にただついて来る時よりも大きな抵抗を感じることができる。そして、こうした抵抗にそれぞれが適切に対応することが求められることになり、こうした対応を自ら実現することが、二人にとってこの遊びをより活き活きとした楽しい遊びにしてくれたのであろう。それゆえこの時の二人は、こうした抵抗によってどのようなことが生じるかを試そうとしたのではなかった、つまり、探索行動を行なったのではなかったことになる。

しかも、この事例におけるカズキくんには、「探索行動における真剣な」（横井 2016、120頁）表情や活動が見られなかった。むしろこの時のカズキくんからは、活き活きとした楽しさだけが感じられた。また同様にして、ショウくんからも同様の楽しさが感じられた。こうしたことからも、この時の二人の活動が探索行動ではなく、遊びであったとみなすことができるのである。

ここでは最終目的が設定されておらず、同じ行為がたえず繰り返されており、しかも繰り返されるだけに留まらず、これまでの身体の動かし方よりもいく分高度な対応の仕方で身体を動かすことが自然発生的に生じていることからも、この時の二人の行為は遊びである、ということがさらに確証される。お互いの行為により相乗効果が生まれ、二人は同じような活動を繰り返すことによって、活き活きとした雰囲気が醸し出された、ということができる。事実保育室と廊下のあいだを走っては転ぶという遊びが子どもたちの中で自然と広がっていったが、友達同士のあいだで相手に対応した身体活動をすること自体が子どもにとってはおもしろいために、こうした活動が彼らの中で活き活きと展開していった、といえるのではないだろうか。

以上本節の1で述べた探索行動と遊びとの違いという観点から、この事例におけるカズキくんやショウくんのあり方に着目した。その結果、この時のカズキくんやショウくんのあり方は遊びであったことが明らかとなった。

そこで次節では、活き活きとした子どものあり方をさらに深めるために、雰囲気という観点から、ピアノを弾く真似をしている子どものあり方を明らかにしたい。

第4節　雰囲気と子どもの活動

本節では、空き時間にピアノを弾くような動きをし、その後出席帳を保育者に見せるために列に並んでいる時の子どものあり方を、集団が醸し出す雰囲気という観点から明らかにする。ある雰囲気が際立っている場に存在していると、その雰囲気によって活動やあり方が強く影響を受けるため、子どもがどのような雰囲気に溶け込んでいるかを探ることが、子どものあり方をより深く捉えることを可能にしてくれるからである。

そのために、まず本節の1では、そもそもこの事例における保育室空間にどのような雰囲気が醸し出されていたのかを明らかにする。続いて2では、1で明らかにされる雰囲気の特質に即して、本節で取り挙げる事例の子どものあり方を解明する。

本節で取り挙げる事例は、次のものである。

【空き時間の過ごし方】〔年中・20×1年1月18日・晴れ〕

園庭での自由遊びを終えて保育室に戻り、排泄と身支度を済ませた子どもから順に席に座って待っている場面である。レイカちゃんは、早めに準備を整え、席に座る。両手を机の上にのせ、しばらくのあいだピアノを弾くような動きをしている。最初は指や手を少し動かしているだけであったが、次第に上半身全体や頭を左右に大きく揺らし、大きな動きとなる。いったん机に顔を伏せたが、次の瞬間には目を瞑って顔を左右に振りながら、ピアノを演奏するような動作をする。次に、それまで机にぴったりくっついていた身体を少し後ろに反らし、両手を大きく上に挙げる。そして、上に挙げた手を机に降ろし、先ほどよりも大きな動きでピアノを演奏する動作をする。この動作がしばらくのあいだ繰り返される。

その後レイカちゃんは、机の上で腕を組み、辺りを少し見回し、私〔＝筆者〕にも視線を向ける。ここまで長い時間待っていなければならなかったためか、少し退屈そうな表情をした後、上半身を机の上にのせ、机の両端をそれぞれの手で掴む。このあいだも、視線はさまざまな方向に向いていた。レイカちゃんは、同じグループのユメちゃんが席に来ると、彼女を目で追う。その視線に気づいたのか、ユメちゃんはレイカちゃんに、出席帳を持って来なければならないことを伝える。レイカちゃんはユメちゃんの言葉を聞いて、すぐにロッカーに向かい、カバンを持って自分の席に戻って来る。レイカちゃんは、口を大きく開けて、舌を前後に動かし、視線をさまざまな方向に向けながら、出席帳をカバンからゆっくりと取り出す。出席帳を取り出すと、カバンを勢いよく振りながら、ロッカーのある方へ身体の向きを変え、軽快な足取りでロッカーへ向かう。カバンをロッカーにしまった後、走って自分の席まで戻る。

全員が揃い、保育者が一人ずつ出席帳を見せるように伝えると、それぞれの子どもが一列に並んで、自分の順番が来るのを待っている。レイカちゃんは、自分の後ろに並んでいるアッシくんの方を向き、両手を広げて動かしながら、彼にくっつこうとする。しかしレイカちゃんは、こうした仕方で他の子どもにただちょっかいをかけているだけではなく、列が進むと、前の子どもとの間隔をすぐに詰めている。その後またすぐに後ろを向き、両手を広げて身体を揺らしたり、お辞儀のような動作をしたりして、アッシくんと関わり始める。この関わり方は、この場で許される活動範囲を考慮しながら、待ち時間を楽しんでいるように感じられる。さらに、出席帳を頭の上にのせて遊んでいた際にも、列が進んでいることに気づくと、レイカちゃんは前の子どもとの間隔をすぐに詰めている。この一連の流れにおいて、レイカちゃんからは終始活き活きとしている様子が窺えた。

本節の1では、以上の事例における保育室という空間のあり方を、雰囲気という観点から明らかにしたい。そのうえで、クラスの雰囲気に溶け込んでいる際のレイカちゃんのあり方について明らかにしたい。

1　にぎやかな雰囲気

園の空き時間においては、多くの子どもが保育室内を自由に動き回ったり、話したりして、保育室という空間を全体として見ると、にぎやかな雰囲気になっていることがしばしばある。では、そもそもこのような雰囲気は、どのように醸し出されるのだろうか。以下では、まずこのことを明らかにする。

この事例のレイカちゃんがピアノを弾く動作をする場面では、レイカちゃんの中でピアニストについてのイメージがぼんやりとできていて、ピアノを弾く動作をしているうちに、そのイメージが次第に鮮明になったのではないか、と考えられる。あるいは、もともとピアニストについてのイメージがあってそのイメージを表現しようとしていたわけではなく、何となく身体を動かしているなかで、その動きがたまたまピアノを弾く時の動きに近いものになった、という可能性もあるだろう。

しかし他方では、以下のような捉え方もできるであろう。

この一連の場面では、出席帳を保育者に見せること以外には、ほとんど課題がない。そのため、保育室では多くの子どもが自由に動き回ったり話したりしているが、騒然とした雰囲気ではなく、にぎやかな雰囲気になっていた。なぜならば、この時の多くの子どもたちは、それぞれ自分なりの課題を楽しんでいるようであったからである。そしてレイカちゃん自身も、このにぎやかな雰囲気に溶け込んでいる、と捉えられる。このように捉えると、連絡帳を保育者に見せるために列に並んでいる場面について、次のようなことが明らかになる。

この時、出席帳を出して保育者のところへ見せに行く、という課題は決まっているが、その課題は、この場面でのすべての活動を規制するような課題ではない。他方、たとえばお絵かきの時間の場合では、途中で遊びになってしまうこともあるかもしれないが、絵を描かなければいけないということによって、一定の時間子どもたちの活動は拘束されている。あるいは給食の場面でも、友達と話したり、給食セットで遊んでしまうこともあるかもしれないが、給食を食べなければならないということによって、一定の時間子どもたちの活動は縛られている。

しかしこの事例の場合は、そうした状況ではない。保育者に出席帳を見せに行くのに、列に並んだ後は、列を乱してはならないといったこと以外には、何らかの規制は特にない。そのため、この場面でも、他の子どもに身体的に関わることによって、この場面に至るまでと同様、レイカちゃんは他の子どもと一緒に、にぎやかな雰囲気を醸し出している。このことからすると、彼女一人がどのような状態にあるかという観点からではなく、彼女自身もその一員となってこうした雰囲気を醸し出している際のあり方を捉える必要があるだろう。

そこでこの事例における彼女にとっての雰囲気について解明する前に、そもそも雰囲気とはどのようなものなのかを、現象学者であるシュミッツに依拠しながら明らかにしておきたい。その際にまず考慮すべきことは、感情は、「私的な内的世界の構成要素」(Schmitz, 1974, S.336/ 378頁) である心という内面に閉じ込められてはおらず、そこから溢れ出て、空間的なものとして周囲に伸び広がっている、ということである。感情が空間的に伸び広がっているため、シュミッツのいうように、感情は「空間に溢れ出た雰囲気」(ebd./同所)として捉えることができる。このことは、試験前における教室の雰囲気を例に挙げれば、容易に理解することができるであろう。普段であれば、楽しくて愉快な雰囲気に溢れている教室であったとしよう。しかし、試験前には多くの者がこれから行なわれる試験に向けて気を張り詰めている。この時にそれぞれの者が抱えている試験に対する感情は、個人の内面に閉じ込められることなく、気を張り詰めた雰囲気となって、つまりピリピリとした雰囲気となって、教室全体に溢れ出ることになる。

さらにここで着目したいのは、ある場所に集まっている多数の人間のそれぞれがたとえ異なる活動をしていたとしても、各自が同じ雰囲気を醸し出しながら、その雰囲気に応じたあり方をしていれば、その人間集団によって醸し出される雰囲気は同じものになる、ということである。このことについて、初詣でを例に挙げてみる。初詣でに訪れる人それぞれに着目してみると、参拝をしたり、おみくじを引いたり、暖をとったり、甘酒などを飲んだりといったように、個々のあり方はさまざまである。しかし、初詣でに訪れている人全体に目を向けてみると、厳粛で神聖な雰囲気が醸し出されている。そして、参拝をしたり、おみくじを引いたり、暖をとったり、甘酒などを飲んだりといったように異なった活動をしているそれぞれの人も、神社全体から醸し出される厳粛で神聖な雰囲気を感じ取り、その雰囲気を壊さないどころか、自分もその雰囲気を醸し出す一人となって、それぞれ活動している。そしてすでに述べたように、感情は心という内面に閉じ込められておらず、空間的に伸び広がるように溢れ出し、雰囲気となっていることも念頭においておきたい。

以上本節の1では、雰囲気という観点から、個々の子どもが異なる活動をしていたとしても、それぞれの子どもが同じ雰囲気を醸し出しながら、その雰囲気に応じたあり方をしていれば、その集団全体によって同じ雰囲気が醸し出されることを明らかにした。そこで次の2では、本節の事例においてピアノを弾くような動きをしている時のレイカちゃんのあり方を明らかにしたい。

2　雰囲気に溶け込んでいる時の子どものあり方

個々が異なる活動をしていても、同じ雰囲気が醸し出されることが述べられたが、では、この事例におけるレイカちゃんは、集団の中の一人としてどのようなあり方をしていたのだろうか。この問いに答えるために、ここでは、ピアノを弾くような動きをしていた時のレイカちゃんのあり方について明らかにする。

その前に、彼女の中では、ピアノを弾くということ自体が意識されているのか、それともにぎやかな雰囲気の中に自分が溶け込むために、たまたま彼女によって選択された身体の動きがピアノを弾く時の動きだったのか、ということがまず問題になってくるであろう。なぜならば、この問いの答えに応じて、この時の彼女のあり方はかなり異なって解釈されるからである。

そこで、この事例においてレイカちゃんが行なったように、ピアノを弾く時に身体を左右に振るということは、子どもにとって見慣れた身体運動であるのか、ということをまず考えてみる。一般的には、保育者がレイカちゃんと同様の仕方でピアノを弾くことはない。もしかすると、ピアノを習っている子どもで、プロのピアニストを見る機会があったならば、レイカちゃんのような身体運動をする、ということも考えられるかもしれない。しかしながら、やはりピアノを習っている程度では、彼女ほど大きく身体を動かすことはないであろう。

むしろ、レイカちゃんの身体の動かし方については、「準備ができたら、席に座って待っているように」という保育者との約束を考慮して、席に座りながらできる活動範囲内で自分の身体を動かしているといった捉え方の方が、この時の彼女のあり方に即しているのではないか。つまり彼女は、自分が今何を最優先でしなければならないかということを把握しており、この場で行なわなければならない活動を続けながらも、なおかつ、その時間も楽しめるような工夫を自ら考えて行なっている、と捉えることができるのではないか。事実、レイカちゃんは自分の席から離れることはせずに、あたかもピアノを弾くような動きをいくぶん大げさに再現しながら、この再現を楽しんでいた、とみなせるであろう。

しかもこの時のレイカちゃんのあり方は、にぎやかな雰囲気の中に溶け込み、彼女自身もそのような雰囲気をさらに醸し出しているうちの一人となっているという観点からも捉えられる。この時のレイカちゃんの大きな身体の動きは、にぎやかな雰囲気に溶け込んでいる中で自然になされた身体の動かし方ではないか、とみることができる。そして列の間隔が詰まった時に、列を乱すことなくしっかりと並んで出席帳を保育者に見てもらう、ということこの時に行なわなければならないことを、彼女は初めて意識した、と捉えられるだろう。こうしたことが彼女の中で生じていたならば、彼女は許される活動範囲内で遊びを展開しようと考えていたというより、むしろにぎやかな雰囲気に溶け込んでいたために、自分一人ではなくて、みんなと一体となって身体運動を起こしていたことになる。こうしたあり方をしている時には、自分の意思というものはそれほど強く彼女自身には自覚されていなかったであろう。

事例の後半で、保育者に出席帳を見せるために列に並んでいる場面でも、レイカちゃんは、アツシくんにくっつこうとするなどして、ちょっかいをかけていた。この時も、同様に彼女はにぎやかな雰囲気を醸し出しながら、さらには彼女自身もそのにぎやかな雰囲気に溶け込んでいた、といえる。

以上本節の2では、1で明らかにした雰囲気に溶け込むという観点から、この事例におけるレイカちゃんのあり方を明らかにした。

そこで次節では、一つの身体への組織化という観点から、活き活きとしながらお互いに身体的に関わり合う活動をしている子どものあり方を明らかにしたい。

第5節　一つの身体への組織化

本節では、自由遊びの時間に身体を大きく揺らしたり、歌に合わせて床に転んだりしながらお互いに身体的に関わり合う活動を活き活きと行なっている子どもたちのあり方を明らかにする。

そのために、まず本節の1では、他者と身体的に接触している時にどのようなことが生じているかを、一つの身体への組織化という観点から明らかにする。続いて2では、他者との身体的な接触がない時にも一つの身体への組織化が生じるか否かを、子どもたちのあり方に即して明らかにする。
本節では以下の事例を取り挙げる。

【『なべなべそこぬけ』】〔年中・20×1年6月7日・雨〕
いつもであれば園庭で自由遊びをする時間であるが、雨が降っているため、子どもたちは、室内で自由遊びをしている。この時保育者は保育室にいない。三人の女児が『なべなべそこぬけ』をしている。彼女たちは向かい合って手をつなぎ、『なべなべそこぬけ』の歌を大きな声で歌いながら、身体も使って手を左右に大きく揺らす。リホちゃんを先頭に、サキちゃんとアカリちゃんという順で、手で作ったトンネルの中をくぐっていく。
その活動を一度終えると、三人は再び『なべなべそこぬけ』の歌を歌い、リホちゃんだけが手で作ったトンネルをくぐったところで、近くにいた男児三人がアカリちゃんの目の前に来たのと、ままごと遊びをしていた女児一人がアカリちゃんの目の前に来て、アカリちゃんのお腹を玩具で叩き始めたことをきっかけに、一度この遊びが中断される。サキちゃんは、アカリちゃんがお腹を叩かれている様子を目で追う。それまで三人は手をつないでいたが、リホちゃんが男児三人に話しかけたため、リホちゃんは、サキちゃんとつないでいた方の手を離す。サキちゃんはすぐにリホちゃんと手をつなごうと、視線をリホちゃんの手の方に向けながら、リホちゃんの手を何度か掴もうとする。サキちゃんは、このことを何度か試みた後、リホちゃんの手を掴んで、二人は再び手をつなぎ合うことになった。その後、サキちゃんはリホちゃんとアカリちゃんの手を引っ張り、男児と少し距離をとる。

サキちゃんが歌いだしたことをきっかけに、三人の女児は再び『なべなべそこぬけ』を始める。手で作ったトンネルをサキちゃんがくぐろうとする際、力の加減がうまくいかなかったため、リホちゃんの手がたまたま離れてしまい、リホちゃんは、床に座るようなかたちで転ぶ。リホちゃんはすぐに立ち上がり、三人の女児は再び向かい合って手をつなぎ、『なべなべそこぬけ』の歌を大きな声で歌いながら、身体も使って手を左右に大きく揺らしだす。手で作ったトンネルをくぐる箇所まで来ると、リホちゃんは再び床に座るようなかたちで転ぶが、先ほどとは違い、この時には意図的に転ぶ。この行為に対し、リホちゃんだけではなく、サキちゃんとアカリちゃんも笑顔を見せる。

三人はそれまでよりもさらに大きな声で『なべなべそこぬけ』を歌い始め、手の揺らし方も先ほどよりも大きな動きとなっている。今回は手でトンネルを作ろうと、サキちゃんは軽く手を挙げるものの、ほとんど同時に三人は床の上に転ぶ。この時、サキちゃんは床に座るようなかたちで転ぶが、リホちゃんとアカリちゃんは寝転がるように床に転ぶ。三人の女児は笑顔で立ち上がり、再び『なべなべそこぬけ』の歌を歌いだすが、リホちゃんとアカリちゃんはもはや手をつないでおらず、自由に身体を動かしている。途中からは歌もなくなり、三人はそれぞれのタイミングで床に転ぶ。アカリちゃんは、隣で行なわれているサーキットの方を指さし、そのあいだにサキちゃんとリホちゃんは二人で『なべなべそこぬけ』を行なう。この時サキちゃんは「そこがぬけたら」という歌詞まで歌っていたが、リホちゃんは歌っておらず、床に転ぶという行為の方を重視しているようである。リホちゃんは、サキちゃんやアカリちゃんと手をつないでいなくても、一人で『なべなべそこぬけ』を歌いだすが、サキちゃんはリホちゃんと手をつなごうとする。このことをきっかけに、再び三人で『なべなべそこぬけ』を始めると、リホちゃんとアカリちゃんは先ほどよりも大胆な転び方を楽しそうに行なう。しかし、サキちゃんは、笑ってはいるものの、二人の女児のように大胆に転ぼうとはしない。

三人が同じことをもう一度繰り返した後、アカリちゃんがブロックコーナーから薄い板を持って来る。サキちゃんは、板をアカリちゃんから受け取ると、それを床に置く。彼女たちは板の上に二列に並んでのった後、向かい合って円を作りながら手をつなぐ。三人の女児は下にある板を見ながら、『なべなべそこぬけ』を行なう。手で作ったトンネルをくぐる箇所まで来ると、リホちゃんとアカリちゃんは寝転がるように転ぶが、サキちゃんは二人ほど大胆には転ばない。その後三人は、お互いにもみ合うように、何度か『なべなべそこぬけ』を繰り返す。何度か行なうと、床に転ぶ箇所で、リホちゃんが床にうつ伏せになって寝るような動きをする。それを見たアカリちゃんも、リホちゃんと同じようにうつ伏せになり、寝るような動きをする。しかし、サキちゃんは「おわぁー」と言いながら、二人の頭を思いきり叩くようなふりをする。この一連の活動において、三人の女児からは活き活きとした様子が常に窺えた。

以上の事例に基づいて、本節の1では、他者との身体的な接触があることによって、活き活きとしたあり方が生み出されることについてみていく。その際、複数の人間の身体が一つの身体へと組織化されるという観点に依拠したい。

1　他者との身体的な接触

保育の現場においては、身体的な接触を伴った遊びを子どもたちが楽しそうに行なっている姿がしばしば見られる。では、子ども同士が身体的な接触をしている場合、彼らのあいだではどのようなことが生じているのだろうか。ここでは、そのことをメルロ－ポンティに依拠しながら明らかにする。

本節の事例で、三人の女児が『なべなべそこぬけ』を楽しむことができていたのは、三人が共に歌ったり、手をつないで共に揺らし合ったりというように、同じ動きをしていたため、お互いに安心感を得ることができて、そのことがこの遊びをすることの楽しさにつながっている、と捉えることができるだろう。お互いに手をつないだり、つないだ手を揺らし合ったりすることによって、相手の身体の動きが自分に伝わり、自分の身体の動きも相手に伝わって、一体感が生じるからである。

では、手をつないだり、つないだ手を揺らし合ったりしている時に、互いの身体の動きが伝わり合い、一体感が生じるのはなぜだろうか。この問いに答え、この事例における三人の女児のあり方を理解するために、そもそも他者との身体的な接触がある時にはどのようなことが生じているかについて、メルロ－ポンティに依拠しながらまず探っておきたい。

メルロ－ポンティによると、他者との身体的な接触がある時には、「私の身体が他者の身体を併合する」（Merleau-Ponty, 1960, p.212／18頁）、ということが両者のあいだで生じている。つまり、実際には異なる二つの身体であったとしても、両者の身体が触れ合っている時には、他方の身体をあたかも自分の身体へと取り込むような仕方で、両者の身体は一つの身体として機能していることが生じている。しかもこの時には、両者のあいだで同じことが生じているだけではなく、自分の身体は他者の身体活動によって支えられていると同時に、自分も他者の身体活動を支えていることになる。

たとえば、三人四脚について考えてみると、三人が息を合わせて同じ歩幅で、あるいは同じ速度で足を進めなければ三人四脚はうまくいかない。三人四脚がうまく行なえている時には、自分のペースで足を進めるのではなく、足を結んでいる相手の歩幅や走るペースをも気遣いながら、三人ともが同じ歩幅で、あるいは同じ速度で足を進めるように配慮し合っている。さらに、ただ相手を気遣って自分自身が歩幅や速度を合わせようとしているだけではなく、相手のペースになかなかついていくことができない者に対しては、ペースを掴んでいる者が、背中を軽く押すなどによって相手もペースにのりやすいような工夫をしたり、あるいは足を先に少し浮かせることによって、スムーズに進めるような働きかけをするなど、どうすれば相手が三人四脚を行ないやすくなるのか、ということまでも配慮するだろう。この時、周りのペースになかなかついていけなかった者にとっては、ペースを掴んでいる者のおかげで三人四脚を行ないやすくなると共に、ペースを掴んでいた者にとっても、自分の働きかけに対応してくれる相手のおかげで、自分の行なった行為が活かされて、結果として三人四脚がうまく成立することになる。

こうして、三人四脚においては、個々の運動能力が高ければ成功するのではなく、三人の身体がまさに一つの身体へと組織化され、機能していることが大切となる。複数の人間の身体が互いの身体運動をおぎない合うことによって、相手の身体の動きと自分の身体の動きとがお互いに調整し合う、ということが複数の人間のあいだで生じ、その結果、三つの身体があたかも一つの身体であるかのように機能しなければならないのである。

このことを、メルロ－ポンティは、「あたかも他者と私は、〔お互いに〕一体化されたただ一つの身体へと組織化されている〔＝間身体性の一つの有機的器官である〕」（ibid., p.213／同所）と記述している。

以上一つの身体への組織化という観点から、他者との身体的な接触がある時には、自分と他者との身体があたかも一つの身体であるかのように機能している、ということをみてきた。そうした時には、他者の身体と私の身体は、お互いに相手をおぎない合っているのである。次に2では、こうした観点に基づき、本節の事例における三人の女児のあり方を明らかにしたい。

2　一つの身体への組織化における子どものあり方

他者との身体的な接触があり、その接触によって、各自の身体が相互に適応し合っている時には、複数の身体があたかも一つの身体であるかのように機能している。本節の事例における三人の女児たちも、三人四脚の場合と同様に、身体的な接触により三人のそれぞれの身体活動が他の二人の女児の身体活動によって支えられると共に、自分も他の二人の女児の身体活動を支える、ということが生じて、一体感を伴って活き活きと活動することができたのであろう。たしかに、つないだ手をかなり大きく揺らしてしまうと、本来は『なべなべそこぬけ』で遊ぶために求められているところの、身体の向きを変えることが難しくなってしまう。それでも彼女たちが大きく手を振るのは、リズムをつけるためであったり、歌詞に合わせてトンネルを抜けるためのタイミングを計るためである、ということもあるだろう。しかし、この事例における三人の女児の場合には、三人の身体があたかも一つの身体であるかのように組織化されるために求められる身体能力がすでにある程度身についていることが窺える。

たとえば、リホちゃんが最初に転んだ時には、バランスを崩して、手を離さなければ変なねじれ方をして手が痛くなってしまうため、結果として手を離して転んだのであって、この時には転ぶという行為はいまだ遊びにはなっていない。二回目にリホちゃんが転んだ時にも、転ばなければやはり手が痛くなってしまいそうだということを予感したため、リホちゃんは、手を離して転んだのであろう。この時には、リホちゃんの中では、転ぶことが楽しい、という感覚はおそらく生じていないと思われる。こうした身体の動きは、むしろ他の二人の女児とのあいだで一つの身体へと組織化されうるために、彼女にすでにそなわっている身体能力の現われであろう。

しかし、三回目の時には、リホちゃんは、サキちゃんを意図的に少し強く引っ張るようなかたちで倒れており、それに合わせてアカリちゃんも転んでいたため、三人全員が意図的に転んでいる。この時のリホちゃんの中では、最初に二回転んだという経験から、転ぶことが遊びになるという感覚を得て、サキちゃんとアカリちゃんをこの遊びに引き込んだのであろう。このようにみなせるのは、最初はリホちゃんがこの遊びを主導している様子が見られたが、事例で記述したように、こうした仕方で意図的に転ぶことが三人の中で次第に暗黙の了解となり、三人の気が合ってきたことが見受けられるからである。この時の三人は、一体となって新たな遊びを創造した、といえる。

しかしここでメルロ－ポンティを超えてさらに探ってみたいことは、身体が直接接していない時の三人の女児のあり方である。転ぶ活動が三人にとって遊びとなった時には、三人のあいだで身体を介した直接的な接触はなくなったが、リホちゃんとサキちゃんは、転ぶ時にも同じ動きをしており、身体は離れているものの、彼女たちは一体感を保って楽しく遊ぶことができていた。身体的な接触がなくなっても、三人のあいだではそれぞれの身体が一体化されたただ一つの身体へと組織化されている、ということが生じていた、とみなせるだろう。

このことは、大縄跳びを例とすれば容易に理解できるであろう。大縄跳びをする時、多くの場合、縄を跳ぶ者は一列に並んで跳ぶ。その際、列の端に並ぶ者ほど、自分の下に来る縄の高さが高くなり、縄に引っかかりやすく、跳びづらい。縄を回す者にとっては、列の端に並ぶ者にとって縄ができるだけ低くなるように意識すると、かなり腰を低くして、腕を大きく回さなければならず、負担が増えてしまう。それにもかかわらず、多くの場合、回し手ができるだけ低く縄を回すように心がけるのはなぜだろうか。それはこの時には、先に例に挙げた三人四脚のような身体的な接触はないけれども、縄の回し手と跳び手のあいだでは、「縄を跳んでもらう‐縄を跳ばせてもらう」という一体的な関係が成り立っており、この遊びに参加しているすべての身体がただ一つの身体へと組織化される、ということが生じているからである。

このように、身体的な接触がない時でも、一つの身体へと組織化されることは可能であり、この事例の子どもたちは一体感をもって活動している、ということが窺われる。たとえば、この事例の最後の部分では、リホちゃんがうつ伏せになるような動きをすると、それを見ていただけなのにもかかわらず、アカリちゃんもリホちゃんと同じようにうつ伏せになって寝るような動きをしている。サキちゃんが、「おわぁー」と言いながら二人の頭を思いきり叩くようなふりをしたのは、他の二人と身体的な接触がないにもかかわらず、二人の身体の動きに自らの身体を適応させるような仕方で対応しようとしたからであろう。

以上本節の2では、一つの身体への組織化という観点に基づいて、本節の事例における三人の女児のあり方を見てきた。さらに、他者との身体的な接触がない場合においても、一つの身体へと組織化されていることを三人の女児のあり方から明らかにした。

次節では、さらに、前交流と相互浸蝕とおぎない合う呼応という観点から、手遊びをしている子どものあり方を明らかにしたい。

第6節　相互浸蝕とおぎない合う呼応

本節では、他の子どもと同じ言葉を発したり、同じ動きをしたりする時の子どものあり方を、前交流や相互浸蝕、第1章の第2節で述べられたおぎない合う呼応という観点から、明らかにしたい。

そのために、まず本節の1では、他の子どもの準備が終わるのを待っている時間は、そもそも子どもにとってどのような時間であるのか、ということをみていく。次の2では、自分の身体活動と他者の身体活動との関係について探るために、メルロ－ポンティに依拠することによって、現実に他者と直接関わる以前に生じており、他者とのこうした直接的な関係を支えているところの、前交流という事態について明らかにする。続いて3では、2に続いてやはりメルロ－ポンティに基づき、自分と他者の身体活動との関係を、第1章第1節でも述べられた相互浸蝕という観点から明らかにする。続いて4では、複数の子どもたちが同じ活動をしている時のあり方について、おぎない合う呼応という観点から明らかにする。最後の5では、ここまで明らかにした観点をふまえたうえで、本節の事例における子どものあり方を解明する。

本節で取り挙げるのは、以下の事例である。

【『アルプス一万尺』】〈年中・20×0年6月29日・曇〉

給食の準備をしている場面である。ホノカちゃんは、同じグループのヒマリちゃんが『アルプス一万尺』を始める様子に視線を配ったり、フウカちゃんに話しかけられたりすることに笑顔で応答はするものの、行なわなければならない給食の準備は着々と進める。フウカちゃんは、ホノカちゃんがランチョンマットを敷き終わったタイミングを見計らってホノカちゃんに声をかけて手を差し伸べると、ホノカちゃんと『アルプス一万尺』を始める。ホノカちゃんは、満面の笑みを浮かべながら、大きな声で歌って、『アルプス一万尺』を楽しんでいる。それまで一人で『アルプス一万尺』をしていたヒマリちゃんも、二人が楽しそうに行なう様子を見て、自分の手を二人のあいだに差し出し、一緒に『アルプス一万尺』をしようとする。するとホノカちゃんは、クシャッとした顔の笑顔になり、先ほどよりも一層楽しそうである。

ホノカちゃんは、次にヒマリちゃんに「ねえ、やろうよ」と誘われ、今度はヒマリちゃんと『アルプス一万尺』を始める。それを見ていたフウカちゃんは、最初は他の子どもと手を合わせることなく、一人で『アルプス一万尺』の手遊びの動きをしていたが、その手をホノカちゃんの頭へともってくる。

ホノカちゃんは、一瞬振り返りフウカちゃんの方を見たが、すぐに視線を前へと戻した。

ホノカちゃんは、保育者に「準備ができたら手はお膝で待ってるよ」と言われると、すぐに姿勢を正し、手を膝の上にもっていき、静かになる。保育者がホノカちゃんの後方に行くと、彼女は保育者の方をちらっと振り返って見る。その後保育者がその場から離れると、ホノカちゃんは、身体を左右に動かしながら、ヒマリちゃんとフウカちゃんに再び話しかける。それからしばらく三人は楽しそうに会話をする。ところが保育者が再び近づき、後ろを通ると、三人は会話をやめ、姿勢を正す。

保育者が給食を取りに行くために保育室を離れている際に、席を立ってしまった子どもに対して注意をする子どもがおり、フウカちゃんも、席を立ってしまった子どもに座るよう合図をする。その様子を見て、ホノカちゃんも同じように、席を立ってしまった子どもに合図をする。

保育者が保育室に戻って来て、子どもたちが「おかえりー」と声をかけると、ホノカちゃんも一緒に、「おかえりー」、と言う。さらにこの日の給食は「冷やし中華」と言う子どもの様子を見て、ホノカちゃんも同じように「冷やし中華」と七回言う。

その後ホノカちゃんが後ろにそり返ると、フウカちゃんもそれを繰り返し、次にフウカちゃんが後ろにそり返ると、ホノカちゃんもそれを繰り返し、給食の待ち時間を友達と楽しんでいる。

本章では、活き活きとした子どものあり方を探ってきたが、本節ではさらに前交流や相互浸蝕やおぎない合う呼応という観点を加えることにより、活き活きとした子どものあり方を可能にしている根拠にさらに迫りたい。そのために、本節の1では、以上の事例におけるホノカちゃんを含めた三人の女児のあり方をまず探っておきたい。

1　柔軟なあり方

たとえば給食の準備が早くできてしまった子どもにとって、他の子どもの準備が終わるのを待っている時間は、そもそもどのような時間なのだろうか。ここでは、そうした時間における三人の女児のあり方にまずは着目することにしたい。

この事例では、楽しそうに話したり遊んだりしている三人だが、保育者が注意をしたり、傍を通ったりすると姿勢を正し、静かになる様子が見られた。このことから、三か月間このクラスで生活するなかで、自分の属する保育室ではそのつどどのように振る舞わなければならないか、という決まりを、この三人は理解しているように思われる。しかし他方では、保育者が言葉をかけたり傍に来たりしなければ遊びを続けていたであろうことからすると、準備が終わるまで待っているあいだは静かにしていなければならない、ということが本当に身についていることになるのか、という問いも出てくるかもしれない。

そこで、給食の準備を始めるためにまずランチョンマットを敷く時に、先に準備の終わったヒマリちゃんやフウカちゃんに話しかけられたにもかかわらず、ホノカちゃんはいまだ準備が終わっていなかったため、準備を終えてから遊びに移ったことに注目したい。というのは、この時の彼女の振る舞いからすると、少なくともホノカちゃんは決まりについて理解しているのではないか、と考えられるからである。しかし、こうした振る舞いは、何らかの約束事を決まりとして理解していることに基づくというよりも、習慣として身についている活動が自然となされた結果でしかないのかもしれない。

たしかに、一般的には、少なくとも自分の準備を終えるまでは、しかじかの準備をするという課題が与えられているため、手持ち無沙汰な時間ではない。しかし準備が終わると、他の子どもの準備が終わるまで待つあいだには行なうことがなくなり、子どもにとっては手持ち無沙汰でつまらない時間となる。この事例でもそうであるように、準備を終えた後で手をお膝の上において静かに待っていなければならない時間に、周囲の子どもと話したり、ちょっとした遊びをしたりして、ある感情を共有しだすのは、子どもにとってごく普通のことである。

ホノカちゃんは、ヒマリちゃんやフウカちゃんに『アルプス一万尺』をやろうと誘われると、その誘いに応じ、保育者に言葉をかけられると、その言葉に応じて手を膝の上において待っていた。これは、保育室での決まりがわかっているというよりは、むしろ、保育者の呼びかけに、つまり相手の働きかけに対応する力が身についている、ということになるだろう。手を膝の上に置き続けることは、保育者に言われたまさにその時に、そのように行なえればいいことになる。ホノカちゃんは、保育者の言葉に対してそのつど適切に対応できており、ある意味で柔軟なあり方をしている、といえる。

そして、この三人は、手をお膝にと言われた時を含め、どの場面でも非常に活き活きとしている。また、おそらくは保育者自身も、「準備ができたら手はお膝で待ってるよ」という言葉を一度かけたら、全員の給食の準備が終わるまでその状態が続くとは考えておらず、この言葉をかけた瞬間だけ対応してくれればいい、と思っている可能性もあるのではないか。つまり保育者と子どもとのあいだでは、保育者に何かを言われたら、その瞬間だけ保育者に求められていることを行なってみる、ということが暗黙の了解になっているのではないだろうか。そうであるなら、この三人は、先ほど述べたように、そのつど何をすべきかを決まりとして理解しているというよりも、習慣として身につけている活動が自然になされただけでしかない、ということになるであろう。

以上本節の1では、ホノカちゃんを含めた三人の女児がこの給食の時間においてどのようなあり方をしていたのかを明らかにした。次の2では、待ち時間に「おかえりー」や「冷やし中華」という言葉を発したり、後ろにそり返ることを繰り返していた時の子どもたちのあり方を明らかにするために、まず前交流の状態にある時の子どものあり方について探りたい。

2　前交流

ホノカちゃんを含めた三人の女児は、給食の配膳が始まるまでの待ち時間に手遊びを始めてしまっていたが、保育者によって直接求められていることや、保育室での決まりに柔軟な対応をするだけの力をすでにそなえていた、とみなせる。では、この事例の最後に「おかえりー」や「冷やし中華」という言葉を発したり、後ろにそり返ることを繰り返していた時のホノカちゃんは、どのようなあり方をしていたのだろうか。このことを明らかにするために、ここでは、まずメルロ－ポンティに依拠しながら、自分と他者とのあいだで実際に直接的な関わり合いが生じる前に、こうした直接的な関わり合いをあらかじめ可能にしている事態について明らかにしておきたい。

第1章第1節でメルロ－ポンティに依拠しつつ探られていたように、母子分離がなされる前の子どもは、自分と他者との区別がいまだなされておらず、他者と共通の状況に溶け込んでいる。すなわち、他者から分化されておらず、他者とは未分化なあり方をしている。そして、子どものこうしたあり方は、おとなを含めたすべての人間の他者経験の基盤をなしている。こうしたことからメルロ－ポンティは、この時の未分化なあり方を「前交流の状態」(Merleau-Ponty, 1953, p.24/１３７頁)、といいかえている。前交流の状態は、たしかに母子分離以前の子どものあり方において顕在化されるが、それ以後の子どもの他者経験を潜在的に支え続けている。

そこで、メルロ－ポンティによって前交流と呼ばれているあり方が母子分離以後の子どもの他者経験をどのようにして潜在的に支えているのかについての理解を深めるために、ヒーローごっこをしている子どもの例を挙げたい。園でヒーローごっこをする子どもは、ヒーローごっこをする以前に、おそらくテレビなどでヒーローが悪者をやっつける場面を観ており、それが基となって園でもヒーローごっこを行なっているだろう。ヒーローが悪者をやっつける場面を子どもがテレビで観ている時には、実際に悪者をやっつけているのはヒーローであって、子どもはその場面を観ているだけにすぎない。

しかし、この時には、「悪者をやっつけたい」というヒーローの想いを、メルロ－ポンティの言葉を使えば、ヒーローの志向と同様の志向を、子どもも抱いたであろう。「悪者をやっつけたい」という志向は、ヒーローの志向であるだけではなく、テレビを観ている子どもの志向ともなっているのである。

さらにこの時には、子どもは実際にはテレビを観ているだけで、ヒーローの変身の動きに合わせて自分の身体を動かしていなくても、ヒーローの身体の動きと一体になって、あたかも実際に自分の身体が動いているかのようなあり方をしている。そのため、ヒーローが悪者をやっつけるテレビの画面を食い入るように観ていた子どもは、自分が悪者をやっつけるということを実際にしておらずとも、メルロ－ポンティの言葉を使えば、悪者という他者と関わるという意味での交流が実際にはなくとも、潜在的には悪者と関わっている。それゆえ、悪者をやっつける練習などをあらかじめしなくても、あるいは鏡を見ながら変身のポーズを確かめなくても、翌日に園で、テレビで観たことを思い出しながら、たとえば保育者を悪者に見立てて、悪者をやっつけるヒーローを再現して、ヒーローになりきって遊ぶことができるのである。園では、悪役に見立てられた保育者という他者と実際に関わるという仕方で、他者との交流が生じることになる。

しかし、他者とのこうした現実の交流が子どもにとって可能となるのは、他者との現実の交流以前に、テレビを観ながら潜在的には悪者と関わっていたから、つまり、子どもと悪者とのあいだで前交流が生じていたからである。他者とのあいだで前交流の状態にある時には、子どもとヒーローという他者とのあいだで志向が区別されることなく、一方の志向が他方の身体を通して働くということ、この場合には子どもの志向がヒーローの身体を通して働くということが生じている、ということができる。

以上本節の2では、前交流の状態にある時には、一方の志向が他方の身体を通して働くということが相互に生じていることを明らかにした。そこで次の3では、相互浸蝕という観点から、自分の身体活動と他者の身体活動との関係について探りたい。

3 相互浸蝕

保育の現場では他の子どもたちと同じような活動をする姿がしばしば見られる。では、なぜ子どもたちは他の子どもが何らかの活動をしていると、自分も同じ活動をしようとするのであろうか。そこには子どもなりの楽しみがあるのではないだろうか。このことを明らかにするためには、他の子どもの想いを自分の想いの中に取り込むという観点から考察する必要がある。このことをメルロ－ポンティは相互浸蝕という術語で記述している。まず、この術語の内実について明らかにしたい。

第1章第1節で明らかになったように、他者の身体活動を私が理解できるのは、他者の志向が私の身体を通して働く、ということが他者と私とのあいだで生じるからである。そしてメルロ－ポンティは、両者のあいだでこのようなことが生じている時のあり方を、相互浸蝕と呼んでいるのである。それゆえ、本節の2で述べた前交流の状態にある時には、一方の志向が他方の身体を通して働くということが相互に生じていることになるだろう。ただし前交流にある際の自我は、他者との関わりが現実にあるか否かにかかわらず成立するような自我である、ということに注意しなくてはならない。というのは、ヒーローごっこの具体例で示したように、こうした幼児の自我は、現実の他者との交流がない時にも前交流の状態にあるからこそ、現実に他者と出会うことにより、自分と他者とで同じ対象や事柄を共有することが可能になるからである。すなわち、他者と関わることによって、自分と他者は共通の対象へと意識を向けることになり、両者が同時に同じ事柄や出来事を志向することになるのである。つまり、この時には、一方の志向は他方の志向へと入り込んでおり、両者の志向は、両者にとって共有された志向となっているのである。

このことを、塗り絵をしている子どもと、それを傍らで見守っている母親のあり方から具体的にみてみたい。子どもが塗り絵をしている時に、母親が子どもと同じように色鉛筆を手に握って紙に向き合うということをたとえしていなかったとしても、つまり、身体的に子どもと母親とが同じことをしていなかったとしても、母親が傍らで見守ってくれているということが感じられさえすれば、子どもは不安になることなく、塗り絵をし続けることができる。こうしたことができるのは、塗り絵をしている状況を母親と共有しているため、この時の子どもは母親と一緒にその状況を見通すことができているからである。たとえば、母親と時々視線を合わせたり、母親が「きれいに塗れているね」といってくれたりするだけで、両者の志向が相互に入り込み合い、子ども自身の志向が母親の志向と一体となっていることを子どもも感じられ、安心感をもって、活動を続けることができるのである。

ここまでは、相互浸蝕が意識の次元で生じていることについて述べてきたが、同様のことが身体の次元でも生じる。その典型例は、他者と身体的な接触をしている時である。自分と他者とのあいだで身体的な活動が生じている時については、第5節の『なべなべそこぬけ』の事例（20×1年6月7日）ですでに探ったが、この時には、両者の身体の各部分が相互に調和し合い、あたかも一つの身体として調整され、個々の身体では不可能であったことが可能になる、ということが生じている。たとえばサッカーをしている際に自分がボールをキープしていたとする。この時には、自分が次にボールをパスしようとしている人とだけタイミングが合うのでは、チーム全体の調整はうまくいかない。そうではなく、たとえばボールをもしも取られてしまった時には、他のメンバーがすぐにガードにまわれるように、11人のメンバーが一体となって、つまり11人の身体があたかも一つの身体であるかのように、プレーしなければならない。

以上では相互浸蝕と一つの身体への組織化という観点から、自分の身体活動と他者の身体活動との関係について明らかにした。そこで次の4では、この関係をおぎない合う呼応という観点から、さらに掘り下げたい。

4　おぎない合う呼応

複数の子どもたちが活動している時には、一方の子どもの活動が他方の子どもの活動をより展開しやすくさせる、あるいは二人で共同して何かを作る時には、他の子どもの活動のおかげで、ある子どもの活動がより容易になったり、豊かに展開されるようになる、ということが保育の現場ではよく見られる。そして、こうしたことが生じている時には、本章第5節の1でメルロ－ポンティに依拠して明らかにしたように、自分の行為を相手の行為に合わせるということがお互いのあいだで生じており、両者の身体はあたかも一つの身体であるかのように機能している。そして複数の人間の身体のあいだでこうしたことが生じている時、それらの人間は、お互いに相手の行為をおぎない合っている。このようなあり方が、第1章第2節で示されたように、おぎない合う呼応という言葉の内実となっている。

このことを、子どもと母親が、これまで使っていたブロックを袋の中に片付ける時に二人のあいだで生じていることに当てはめて、具体化したい。ここでは、子どもが床に転がっているブロックを手に取って、母親が持っている袋に入れようとしているとしよう。この時の子どもと母親の行動は異なっているが、両者とも、ブロックを袋の中に片付けたい、という共通の志向をもっており、相手の活動を適切な仕方でおぎない合っている。たとえば、母親は、子どもがブロックを袋の中に入れやすいように、袋を大きく開くであろう。また、子どもがブロックを手に持ったら、入れやすいように、袋をブロックの方へとすぐに近づけるだろう。そして子どもは、母親が袋を大きく開いてくれているため、その行為に対応して、袋からはみ出さないようにブロックを入れようとするであろう。また放り投げることなく、できるだけ優しくブロックを袋の中に入れるよう心がけるであろう。この時には、同じ一つの目的へと向かって、相手の身体の動きと自分の身体の動きとを調整し合うという仕方で相手の動きをおぎなう、ということが、子どもと母親のあいだで生じている。こうした時の二人は、相互に他方の行為や想いをおぎない合いながら呼応し合っている。

以上、おぎない合う呼応とはどのようなあり方であるかについて、具体的に明らかにした。そこで次の5では、ここまでで明らかにしたことに基づいて、本節の事例における子どものあり方を詳しくみていく。

5　一つの身体への組織化とおぎない合う呼応との関係

ここまで、前交流、相互浸蝕、一つの身体への組織化、おぎない合う呼応について明らかにしてきた。そこでここでは、これらの観点から、本節の事例の最後の場面におけるホノカちゃんのあり方を探っていくことにする。

この場面で、ホノカちゃんが他の子どもたちの発した「おかえりー」や「冷やし中華」という言葉を自らも発しているのは、友達と一緒に同じ活動を楽しんでいるからではないか、また、ホノカちゃんとフウカちゃんがそり返って遊んでいる時の二人も、同じ動きをすることを楽しんでいるのではないか、と考えられる。そこで、なぜこのように考えられるかを明らかにするために、まずは並行遊びと合唱における子どものあり方について探っておく。

並行遊びの段階にある子どもであっても、親や保育者など親しいおとなが傍らにいれば、子どもとおとなとのあいだには相互浸蝕が生じている。そのため、子どもには安心感があり、たとえ親や保育者が実際に子どもと一緒に協同して遊んでいなくても、おとなの志向と子どもの志向が共有されているがゆえに、子どもは一人で遊び続けることができる。同様にして、並行遊びをしている子どもにとっては、同じことを隣で行なっている子どもがいること自体が、親が傍で見守っているのと同じような効果を生み出し、このことが子どもにとっての安心感につながっているのである。そしてこのことの延長線上に合唱がある、と考えられる。つまり、幼児の合唱においては、一人で歌うよりも子どもには一体感が感じられ、安心できるため、みんなで歌う時の方が楽しい、と感じることができるのである。

これと同じようなことが、他の子どもと同じ言葉を発したり、同じ動きをしたりしている場面でもいえるのではないか。つまり、園で子どもたちが一体となって活動している時には、同じことをすることによる身体的一体感が当の子どもたちに実感される。同様のことは、一人の子どもが、たとえば空き時間に飛び跳ねた時に、他の子どもがそれを真似て飛び跳ねる時にも生じているのであり、この場合にも、やはり同じことをしている、という一体感が得られる。かつては母親と一緒にいることで、相互浸蝕に基づく一体感を感じていた子どもが、母子分離を介して他の子どもたちに対する仲間意識を抱くようになると、友達と何か同じことをすること自体が充実感や達成感や安心感をもたらしてくれるようになる。そのため、幼児教育の現場では、どちらからともなく同じようなことをするといった状況が、子どもたちのあいだでしばしば起こってくるのであろう。

そして本節の事例においても、ホノカちゃんとフウカちゃんは同じような活動をしていた。つまり、ホノカちゃんが後ろにそり返ると、フウカちゃんもそれを繰り返して後ろにそり返ったように、一人の子どもの行動に対して他の子どもが対応してくれる、ということがあった。この時、ホノカちゃんとフウカちゃんはお互いに関わり合うことによって、二人は充実感や達成感や安心感を抱くことができたであろう。しかも二人は、同じ身体活動を起こすことによって一体感を感じられると同時に、一方が感じていることが他方へと浸蝕し合うということも生じていただろう。したがってこの時には、メルロ－ポンティのいうような外の出来事への志向が相互に浸蝕し合っているのではないが、同じ身体活動へと志向することに伴う一体感が相互に浸蝕し合っている。両者の志向が相互に入り込み合い、ホノカちゃんの志向とフウカちゃんの志向とが一体となっていることが彼女たちに実感され、彼女たちは、同一の充実感や達成感や安心感をもって、この活動を続けることができたのであろう。

しかしこの場面では、先に述べたような、ブロックを袋の中に片付ける時の子どもと母親のあり方とは異なり、ホノカちゃんとフウカちゃんとのあいだではおぎない合う呼応は生じていない。この時の彼女たちは、たとえば相手がさらにそり返りやすくなることを可能にするような身体的な働きかけはなされていないからである。むしろ、同じ動きをすることによって一体感を感じることができたため、たんに安心感を得られるだけではなく、楽しさを感じることもでき、結果として二人が何度も後ろにそり返るということを繰り返すことになったのであろう。もしもホノカちゃんかフウカちゃんのどちらか一方のみが後ろにそり返っていただけならば、この事例ほど二人は活き活きとすることはなかった、と考えられる。このことから、おぎない合う呼応が生じていなくても、子どもたちの身体はあたかも一つの身体として組織化されている、ということが明らかになるだろう。

以上のことからすると、二人の人間の身体があたかも一つの身体として組織化されている時には、通常はおぎない合う呼応が生じているが、この場面における子どもたちの活動からは、一つの身体へと組織化されていても、おぎない合う呼応が生じていない場合がある、ということが導きだせる。

次節では、充実感と欠如に基づく可能性の実現という観点から、合唱をしている際のある子どものあり方を明らかにしたい。

第7節　可能性の実現に基づく充実感

本節では、歌を一生懸命歌う子どものあり方を、充実感や欠如に基づく可能性の実現という観点から明らかにする。

そのために、まず本節の1では、充実感はどのようにして芽生えてくるかについて明らかにする。続いて2では、欠如に基づく可能性の実現という観点から、充実感はどのような時に実感できるかを明らかにする。最後の3では、充実感や欠如に基づく可能性の実現という観点をふまえたうえで、本節の事例における子どものあり方を解明する。

本節では、以下の事例を取り挙げる。

【『あわてんぼうのサンタクロース』】〔年中・20×0年12月20日・晴れ〕

ユナちゃんは、『あわてんぼうのサンタクロース』の前奏が始まると、伴奏に合わせて首を左右や前後に揺らす。歌が始まると上半身を少し前に出して、大きな口を開けて歌う。「いそいでリンリンリン」の歌詞の部分では多くの子どもが拳を高く挙げて、鐘を鳴らす振り付けをしているが、ユナちゃんは歌うことに専念しているためか、振り付けをする様子が見られない。歌が二番になり、歌詞がわからなくなると、一瞬戸惑った表情をし、口の開きが小さくなるが、再び覚えている歌詞になると、大きな口を開けて、懸命に歌う。「あいたたドンドンドン」の歌詞の部分では、周りの子どもと同じように足踏みをするものの、彼らほど大きく足踏みする様子は見られない。歌の三番辺りからは、ただ歌うというよりは、むしろ、眉間にしわを寄せて、顎を前に出して、叫びながら歌っている状態に近い。歌の四番になると、最初の方では歌詞がわからないためか、保育者の方を見ながら、先ほどよりは口の開きは小さいものの、何とか歌おうとする。さらに、この歌の最後の歌詞である「タンバリン鳴らして消えた」の「た」だけは知っていたためか、大きな声で歌う。歌詞はわかっていなくても、振り付けだけをする子どもも多いなか、ユナちゃんは歌おうとはするが、振り付けはしようとしない。

曲が終わって保育者から、「覚えた?」という言葉をかけられると、頷く子どもも多くいるが、ユナちゃんは頷かない。動くことなく、直立して保育者の話を聞いていたユナちゃんであったが、保育者に、「ユナちゃんがすごい元気に歌ってて、きっとサンタさんも喜んでいるよ」と言われると、表情を緩ませて、少し微笑む。次の曲である『ジングルベル』が始まると、再び前奏に合わせて首を前後に揺らす。そして歌が始まると、先ほどよりもさらに大きな口を開けて、顎も前に出しながら、叫ぶように歌う。そして、サビとなる部分では、叫ぶように歌いながら、上半身も前に出し、自分の最大限の力を出して歌っている。保育者が「サンタさんに聞こえたかな」という言葉を子どもたちに向かってかけると、ユナちゃんは表情を緩ませて、身体から力が抜ける。

他方、ユウミちゃんは、『あわてんぼうのサンタクロース』の曲の前奏が始まると、手を前後に大きく揺らして、リズムを取る。そして歌が始まるとすぐに、片方の手を腰に当て、もう一方の手を横に揺らして、元気よく振り付けをしながら歌う。「いそいでリンリンリン」などの、保育者から教えられた振り付けだけに留まることなく、他の子どもたちが振り付けをしていない時でも、手を腰に当てて膝を前に出したり、手を前後に大きく揺らしたり、指揮をするかのような動きをしたりして、自分なりに振り付けをして、楽しそうに歌う。

本節では、課題に沿った活動を懸命に行なおうとしている子どものあり方を探る。そのために、ここでは、そのような子どものあり方を、まず充実感という観点から明らかにしたい。

1　充実感

保育の現場では、子どもが保育者から褒められて嬉しそうにしている場面がしばしば見られる。では、子どもは保育者に褒められれば必ず充実感を感じられるのだろうか。そこで本節の1では、このことを横井と実存哲学者であるサルトルに依拠しながら明らかにする。

この事例の「いそいでリンリンリン」の歌詞の部分では多くの子どもが振り付けをしているが、ユナちゃんは、歌うことに専念していたり、『あわてんぼうのサンタクロース』の歌の後半で歌詞がわからない時には、保育者の方を見ながら、口を開けて何とか歌おうという姿が見られた。このことからすると、彼女は歌を歌うことを楽しんでいるというよりは、ともかくみんなと一緒に歌わなければならないと感じている、と考えられるかもしれない。しかし、『あわてんぼうのサンタクロース』の歌の後半で、歌詞のすべてはわかっていないものの、この歌の最後の歌詞である「タンバリン鳴らして消えた」の「た」だけは知っていて、大きな口を開けて歌っていた。このように、自分の知っている歌詞だけでも大きな口を開けて歌おうとしているということからすると、彼女は、歌いたいという想いをもって、自分から自発的に歌っていると捉える方が、この事例の場合にはふさわしいであろう。おそらくユナちゃんは、まだ楽しむ余裕がないのであろう。事実、『ジングルベル』が始まると、『あわてんぼうのサンタクロース』の時よりもさらに大きな口を開けて、顎を前に出したり、眉間にしわを寄せたりしながら、自分の最大限の力を出して叫ぶように歌っていた。このことからも、歌うことに一生懸命になるあまり、歌を楽しむ余裕が彼女にはいまだなかった、ということが明らかとなる。

この時のユナちゃんのあり方を探るために、以下では、一生懸命に活動することと充実感について、横井と共に探っていきたい。

横井によると充実感は、「目標を達成したことに対する満足感ではなく、自分の可能性を存分に発揮することができた感覚、そのことによって自分の存在が満ち足りているような感覚」(横井 2016、223頁)をさす。つまり、目標をもってある行為をした時に、その目標がたとえ達成されなかったとしても、自分の力を精一杯出すことができたならば、充実感は得られることになる。このような捉え方をすると、充実感は、子ども自身が「自分はこれだけがんばったのだ」、と思えた時に感じるのであって、保育者に褒められたからといって必ずしも感じられることはない、ということが導かれる。すると、子ども自身が可能性を実現できたことに対する充実感を感じることと、保育者に褒められたことによる嬉しさを感じる、ということは、切り離して捉える必要があることになる。

ユナちゃんが保育者に褒められると、少し表情を緩ませて微笑んだのは、保育者から褒められたことで、やらなければならない活動をきちんとできた、これでよかったのだ、という達成感を感じたから、という解釈の可能性もあるかもしれない。他方、保育者に認められたことが単純に嬉しい、という解釈もあるだろう。しかし、先に述べたことをふまえると、歌うことよりも、大きな声を出すことに意識が向いていて、歌い終わった後に保育者に褒められたことによって、「自分は先生に届くほど大きい声を出していたんだ」、ということに気づいたために彼女は微笑んだ、と捉えることができる。保育者に褒められることによって、何をしなければいけなかったのか、あるいは次にどうすればよいのか、ということが、彼女自身にとっても理解できるようになる、それゆえこの目標に向かって意識して歌うようになる、この事例の場合ならば、大きな声を出して歌うようになる、ということが、彼女に生じたのであろう。つまり、褒められたことによって、自分に自信がつく、あるいは自分が行なったことはどのようなことであったのか、ということを自分自身で捉えることが彼女にもできるようになる。そうであるならば、この事例においてユナちゃんは、保育者に褒められたことが直接の要因となったからではなく、そのことによって事後的に、「自分は一生懸命やったんだ」と感じることができるようになったのではないだろうか。子ども自身が行なうべきことを実現できたことに対する充実感を感じることと、先ほど簡単に触れたように、保育者に褒められたことによる嬉しさを感じることとは、必ずしも等価であるとはかぎらないのである。

以上本節の1では、ユナちゃんの姿を基に、充実感はどのようにして芽生えてくるかについて探った。そこで、こうして芽生えてくる充実感をユナちゃんはいかにして実感していたのかを最後の3で明らかにするために、次の2では、充実感が芽生えてくる際にはどのようなことが生じているのかをまず明らかにしておきたい。

2 欠如に基づく可能性の実現

子ども自身が自分のすべきことを実現できたことに対する充実感を感じることと、保育者に褒められたことによる嬉しさを感じるということは、必ずしも等価ではない。そこでここでは、これら二つの事態の違いを明らかにするために、充実感が芽生える際に生じていることについて、横井も依拠しているサルトルの捉え方について、まず探っておきたい。

サルトルによると、そもそも「現実の人間が存在していることの中には欠如がある」(Sartre, 1943, p.131／239頁)。というのは、我々人間は、生きているかぎり、そのつどの現在のあり方に満足することなく、そのあり方を超えてさらなる満足を得たいという欲望をたえず抱いているからである。それゆえサルトルは、人間のこうしたあり方について、我々人間は、「己が欲望している存在によって、つきまとわれている」(ibid.／同所) と表現している。つまり生きているかぎり、我々人間は常に何かを欲望し続けているというあり方から逃れることができないのである。現在の状態に満足していれば、いまだ満たされていないがゆえに可能性でしかない欲望を実現したいという想いは生じない。いまだ実現していないという意味での何らかの欠如があって初めて、実現されていない欲望としての、新たな可能性を実現していく営みが展開していくことになる。人間として存在しているということ自体が、

「自分に欠けているものへと向かって自分自身を〔たえず〕超えでていくこと」(ibid., p.132／同書２４２頁）である。すなわち我々人間は、自分がそうありたいと願っているあり方へ向かって、たえず自分を超えていこうとしている。そうであるかぎり、ある可能性を実現できたとしても、すぐに新たな欠如を感じ、この新たな欠如を満たす可能性をも実現しようとするため、そのつどの自分自身を超えでて自分の可能性を実現するという試みは終わることがなく、繰り返されることになる。

サルトルのいうところの、欠如に基づく可能性の実現に向けてのこうした人間のあり方は、幼児の遊びにおいても常に認められる。たとえば、かくれんぼの鬼役の子どもが、隠れている子どもを見つけようとしている時のことを考えてみよう。鬼役の子どもがいまだ誰も見つけていない時には、誰かを見つけたいけれども、今は見つけることができていないというように、彼には欠如が生じている。そして、隠れている子どもを探して見つけることができた時、鬼役の子どもは、誰かを見つけたいという可能性を実現したことになる。ところが、いまだ見つけていない子どもがいるから、その子どもも見つけたいというように新たな欠如がすぐに生じて、彼はこの欠如を満たす可能性を実現しようとする。しかし、隠れている子どもをどうしても見つけることができない場合はどのような事態になるだろうか。おそらく、鬼役の子どもは、自分の可能性を実現できそうもないと感じ、隠れている子どもを見つけよう、という意欲が彼からは削がれてしまうであろう。このように、欠如状態に留まったままでは、充実感や充足感は得られない。

逆に、隠れている子どもが自分から出てくるなどして、いとも簡単に見つけられてしまう場合はどうであろうか。この場合には、可能性が容易に実現できてしまうため、鬼役の子どもには楽しさが感じられず、つまらなくなってしまうであろう。したがって、自分の可能性を実現させるためには、自分自身を超えでていく必要があるが、その実現に至る過程が当人にとってある程度の困難さを伴っていないと、充実感は得られない。たしかに横井のいうように、「自分の可能性を実現していくことで新たな世界を創造し、自分に欠けているものへと向かって自分自身をたえず超えでていくこと」（横井2016、230頁）によって、充実感を得られることは否定できない。しかし充実感を実感できるためには、こうした欠如に向けて自分を超えでる際の困難さの克服のための努力が求められることになるはずである。

以上本節の2では、欠如に基づく可能性の実現という観点から、自分の可能性を実現させるためには、自分自身を超えでていく必要があり、その過程での困難さの克服を介して、充実感が得られることを明らかにした。そこで次の3では、このことをふまえたうえで、本節の事例におけるユナちゃんのあり方を明らかにしたい。

3　懸命さと活き活きした活動

自分自身を超えでていく過程で何らかの困難さの克服があることによって、充実感は得られる。このことをふまえたうえで、ここでは、本節の事例におけるユナちゃんは活き活きしているといえるか否か、ということについて探っていきたい。

この事例でのユナちゃんは、歌うことにかなり一生懸命であるため、楽しむ余裕があるとはいい難い状態である。一般的に、何らかの活動をするにあたってある程度の余裕がなければ楽しいという感覚が生じないため、活き活きとすることはできないとみなされるかもしれない。この例として、競技としてのフィギュアスケートとアイスショーについて考えてみることにしよう。競技としてのフィギュアスケートにおいて精一杯な演技をしている選手は、たしかに楽しんでいるとはいえないだろう。しかし、かなり必死で高揚感をもって真剣に演技をしているはずである。真剣に演技をしている時には、楽しんでいるとはいえないが、演技に集中し、細心の注意を払って自分の技を現実の身体表現で顕在化しようとしている。この時の意識はかなり活発に機能している。それゆえ、楽しむ余裕がないからといって、この時の意識は活き活きしていない、とはいえないであろう。この時意識が高揚し真剣さに満ち溢れている以上、フィギュアスケートにおいて精一杯演技をしている選手は活き活きとしている、と表現すべきではないだろうか。

同様に、体力測定で走っている子どもは、必死になって走っているがゆえにかなりの高揚感と真剣さをもって活動しているため、上述したような意味で、やはり活き活きしている。

他方、アイスショーの場合はどうであろうか。アイスショーをしている演技者を見れば、のびのびと演技をしている、楽しんで演技をしている、と感じる人が多いであろう。つまり、アイスショーの場合には、見せる演技であって、真剣さに満ち溢れた意識では演技していないが活き活きとしており、観客にも楽しさが伝わってくる。同様に、一輪車の得意な子どもがある程度の余裕をもって楽しそうに遊んでいる時には、活き活きとこの遊びを楽しんでいる、といえる。

このように考えると、ユナちゃんは歌うことに精一杯であって、楽しんでいるとはいえないが、その真剣さによって活き活きと歌っている、とみなせる。しかも本節の2で明らかにしたように、欠如に向けて自分を超えでる際の困難さの克服が伴うことによって充実感が得られるのであり、この事例におけるユナちゃんは歌を一生懸命に歌っていることから、彼女自身も充実感を実感していただろう。他方、ユウミちゃんの場合には、ある程度の余裕をもって、自分なりに楽しんで歌っている様子が窺え、活き活きと楽しんでいる、といえる。すなわち、この事例におけるユナちゃんの場合には真剣さを伴って一生懸命に歌うことによって活き活きとしたあり方をしていたのに対し、ユウミちゃんの場合には、余裕をもって楽しんでいることに伴う活き活きとしたあり方をしていたといえる。

ある程度の高揚感をもって活動しており、楽しいなどといった感情が見てとれる子どものあり方を活き活きしていると捉えるのがふさわしい、ということは否定できないだろう。しかし、ここで見てきたように、高揚感をもってかなり必死になっている子どもの場合においても、活き活きしていると捉えることができる。それどころか、先ほどの例に挙げたフィギュアスケートの場合のように、真剣に活動している時の方が自分の能力を顕在化しており、たんに楽しんでいる時よりも一層活き活きしている、とみなせる。活動の可能性の実現に向けて精一杯努力していれば、それは活き活きとした活動の高められたあり方なのである。

以上、欠如に基づく可能性の実現という観点から、本節の事例におけるユナちゃんのあり方が余裕をもって楽しんでいるという活き活きとしたあり方よりも一層充実したあり方をしている、ということを明らかにした。

おわりに

思索者や研究者の独創的な思索は、現実の子どもの具体的な活動と出会うことによって、普遍的な思索になる。このことが典型的に明らかとなったのは、特に第2節のアリに触れている子どもの事例においてであろう。他者についての経験は皮膚感覚的なものであり、他者に活き活きとした生気を与えるのは皮膚感覚的なレベルであることを、たしかにメルロ－ポンティは明らかにしている。しかし、皮膚感覚的なレベルについてのメルロ－ポンティによるこうした思索は、独創的ではあっても、いまだ普遍的ではない。まさにアリ集めをしている子どもの個別的な活動に深く沈潜することによって、その思索が子どもたちのあり方において証されたことになる。

さらには、本章第5節でのお互いに身体的に関わり合う活動をしている子どもの事例においても、同様のことがいえる。つまり、複数の人間が共通の目的に向かってお互いに身体活動を調整し合っている時には、私と他者の身体は一つの身体へと組織化されている、ということをたしかにメルロ－ポンティは現象学から明らかにしている。しかし、一つの身体への組織化についてのメルロ－ポンティによるこうした思索は、先ほど述べたことと同様に、独創的ではあってもいまだ普遍的ではない。『なべなべそこぬけ』をして遊んでいる三人の子どもたちの個別的な身体活動に深く沈潜することによって、その思索が子どもたちのあり方において証されたことになる。このように、具体的な事例研究を介して、それまでは独創的であるがゆえに個別的でしかなかったメルロ－ポンティの思索が、普遍的なものであることが明らかにされるのである。そして、以上に述べたことは、本章のすべての節の事例についてもいえる。これらの事例を介して解明された内実自体が、それまでは独創的だったために個別的でしかなかった現象学における思索が、普遍性をそなえていることを証しているのである。

他方、日常的に全く当たり前に行なわれており、一見すると何ら子どもの豊かさを現わすものではないとみなされているような、本章の事例における子どもの活動の根底には、それまでは隠されていた深い意味が潜んでいることが、本章で引用してきた思索と出会ったことによって明らかになったのである。

第3章　まどろんでいる意識

加藤優花・中田基昭

はじめに

すでに「課題と方法」で触れられていたように、本書は、現象学における人間の捉え方を理論的背景とすることにより、事例研究を行なう。というのは、その時の空間や時間や、その時の気分や感情によって子どものあり方は異なっており、平均的な子どもの発達水準を基にその子どもを捉えてしまっては、その時々の子どものあり方を捉えきることができないからである。たとえば、二歳児の二人の子どもそれぞれが積木のレールをつなげて遊んでいたとしよう。この二人は、隣同士で遊んでいるものの直接的な関わりはなく、それぞれがレールをつなげ、時々後ろを振り返ってはレールが長くなっていることを喜びながら遊んでいる。この二人を発達心理学に依拠して捉えるなら、この二人は並行遊びをしていた、とみなされるだろう。しかし、それではこの時の二人のあいだに生じていたことを捉えられない。たしかに、この二人のあいだで直接的な関わりは生じていないが、この二人は、同じ遊びをすることでお互いに相手の遊びを認め合っている、と考えられるからである。またこの時の二人は、同じ遊具で遊んでいるだけではなく、同じような仕方で遊んでいる。そのため、つなげていったレールが長くなっていくことをたんに喜んでいるだけではなく、相手と喜びを共有していたのではないだろうか。

このように、この時のこの二人に直接的な関わりはなくても、この二人のつながりはかなり強かった、とみなせる。一般的な成果を求める教育研究では個別的な事柄までは捉えきることができないのに対し、事例研究という方法論では、その事例において生じている個別的な事柄までをも捉えることができるのである。こうしたことから、本章でも子ども一人ひとりについて、その時々に生じている事態を事例研究という方法で解明していく。

その際、子どもと一緒に何らかの課題を実現したり、一緒に遊ぶことはしないながらも、子どもと同じ場を生きながら、一人ひとりの子どものあり方を探る。それゆえ本章においては、事例の子どもとの直接的な関わりはないにもかかわらず、当の子どもと同じ雰囲気の中に入り込むことで、その雰囲気の中で生じていることを筆者自ら身をもって感じながら、当の子どもの意識のあり方を捉えることを試みることになる。以上のように、本章では現象学に基づき、子どもを取り巻く雰囲気に自ら入り込みながら、子どものあり方を解明していくことにする。

以上のことをふまえたうえで、本章では主として、意識がまどろんでいる時の子どものあり方を明らかにしていく。というのは、意識がまどろんでいる子どもの姿は保育の現場でしばしば見受けられるが、そうした子どもの多くは、集団活動を妨げたり、保育者のめざしている保育を乱したり、といったことをしないため、いわゆる問題行動が目立ってしまう子どもほどには、保育者の注意をひかないからである。そのため、いわゆるおとなしい子どもとみなされ、自分から積極的に自由遊びや制作に参加してほしい、といった保育者の想いの対象となることはあっても、そうした子どもに特有のあり方は、見逃されやすい。

定期的に参与観察させていただいたある幼稚園で、制作の最中に、まどろんだ表情をしている子どもがいた。その子どもは、意識が時々はっきりとし、制作にとりかかるも、意識がまどろんでいるあいだは、何かをしているわけでも何かを見ているわけでもなく、ただぼんやりとそこに座っているだけであった。参与観察を行なっている時に、たまたまこの子どものそうした姿に気づくことができたが、実習などで自分が保育をしている時であったならば、この子どものそうしたあり方は見逃していたかもしれない。というのは、意識がまどろんでいる時の子どもは、保育室内を走り回ったり、必要以上に保育者の注意をひこうとしたり、他の子どもにちょっかいをかける、といった目立つ行為をするわけではなく、むしろほとんど動かず、ただその場にいるというだけであるため、保育者の配慮がいきとどきづらいからである。

しかし、子どもは本来、何もせずただその場にいるという状態に対して退屈さを感じて、じっとしていられなくなるはずである。待ち時間にじっとしていることができず、保育室内を走りだしたり、他の子どもにちょっかいをかけたりといったことをすることの方が、むしろ子どもらしい姿であるだろう。そのため、じっとしていることへの退屈さすら感じず、ぼんやりとしているような子どもに対しては、むしろ細心の注意を払って何らかの対応が必要となるはずである。

これらのことから、本章では、意識がまどろんでいる時の子どものあり方とはどのようなものなのかを明らかにしたい。

そこでまず、第1節では、現象学に基づきながら事例研究をすることの、教育研究における意義について明らかにする。

そのうえで、第2節では、登園後の仕度をしている際の子どもが何をすればいいのかがわからず、まどろんだ表情でその場で立っている時や、目的意識をもってお決まりの活動をしている時のあり方を探っていくことにする。

第3節では、自分自身の何らかの行為によって自身が触発されることがある、ということを明らかにする。そのうえで、自己触発されている時の子どものあり方を解明する。

第4節では、運動感覚や触感覚が触発されることで、まどろんでいた意識が機能し始めた時の子どものあり方を探る。

第5節では、視覚や聴覚や触感覚において知覚野が意識されていない時の子どものあり方を明らかにしたい。

第6節では、保育者の呼びかけの声が子どもの中に入り込み、そのことによって、まどろんでいた意識が活発となった時の子どものあり方を、声の志向性や一対一の対話という観点から解明する。

以上を解明していくのに際し、本章では、ある子どもの事例を主として取り挙げる。

第1節　現象学に基づく事例研究の意義

まどろんでいる意識のあり方を解明するために、本章では、個々の具体的な事例を基に、その事例における子どものあり方を探っていくことにする。というのは、事例研究とは、その事例の中で生じていることをある観点に基づいて明らかにするとともに、その事例に特有の本質を導きだすことだからである。そこで本節の1では、本章で行なうことになる事例研究が、教育研究においてそもそものような意義をそなえているかを明らかにしておきたい。2では、「はじめに」ですでに示したように、本章では現象学を理論的背景として事例研究を行なうが、その際に、哲学としての現象学ではなく、事実の学問としての現象学に基づいて行なうことの意義を示したい。そのために、まず哲学としての現象学と事実の学問としての現象学との違いを示す。そして3では、哲学の言葉や句でパラフレーズしながら事例を解明することで、独創的であるがゆえに本来は個別的でしかない思索が、事例研究によって普遍性をもたらされる、ということを明らかにしたい。

1　教育研究における事例研究の意義

「はじめに」で述べたように、本章では、事例を基にして個々の子どものあり方を解明するが、解明された子どものあり方は当の子どもだけに固有のものでしかなく、いわゆる学問が満たすべき一般性をそなえていないのではないか、という疑問が提起されるかもしれない。たしかに、一般性を求める学問においては、個別的な事柄や対象や出来事に留まり続けることは許されず、それらを網羅する一般性が求められている。しかし、教育実践の現場においては、個別的な事柄や対象や出来事こそ重視されなくてはならない。教育実践の現場では、一般化を求める学問では子どもを十分に捉えられない、ということがたびたびある。

たとえば、発達心理学では三歳児になると母子分離ができるようになる、と一般化されている。しかし、実際に三歳児の姿を見ると、母子分離ができて園生活にすぐに馴染むことのできる子どももいれば、母子分離ができず不安を強く感じながら園に通う子どももいる。たとえどの子どもも発達の順序は同じであったとしても、子どもの一般的な発達過程に見合った活動が現われる時期や発達のスピードは、個々の子どもによって異なるからである。そのため、三歳児になると母子分離ができるというのは必ずしもすべての三歳児に当てはまることではなく、およそ三歳になると母子分離ができるようになる、というような目安でしかない。また、子どものなかには、三歳になりたての頃は母子分離ができていても、三歳の中頃で再び母子未分離の状態になる、ということもある。たとえば、母親が仕事を始めたり、新たに兄弟ができたり、といった養育環境の変化が子どもに影響を与え、母子分離が再びできなくなるということがある。このように、同じ年齢でも子どもによってそのつどのあり方が異なるだけではなく、ある子どもの中でも日々あり方が異なることもある。

こうしたことから、一般化を追求する学問では、それぞれの子どものあり方や、その子どものそのつどのあり方を明らかにすることができないため、教育実践の現場においては、個別的な事柄や出来事をそのつど捉えていく必要がある。こうしたことを捉えていくために、本章では個々の子どものあり方を事例研究に基づいて探っていくことにしたい。

以上、教育現場において生じていることについての事例研究を行なうことの意義を示した。そこで次の2では、本章で依拠することになる、現象学に基づく教育研究の意義を示しておきたい。さらに、哲学としての現象学ではなく、事実の学問としての現象学に基づくことの必要性を探りたい。

2　哲学としての現象学と事実の学問としての現象学

1で、事例研究を行なうことで子どものあり方を探っていくことの意義を示したが、その際、現象学に基づいて解明することにしたい。というのは、すでに本書冒頭の「課題と方法」で述べられているように、現象学の対象は意識の諸現象であるため、現象学を理論的背景にすることで子どもの意識のあり方を捉えることができるからである。しかしその際の現象学とは、哲学としての現象学ではなく、以下で示すような意味での経験の学問や事実の学問としての現象学である。

そもそも哲学としての現象学は、学問の一領域である以上、一般性を導きだす学問であるために、現象学を教育実践の現場で生じていることへとたんに応用するだけでは、個々の事例における子どものあり方の本質を捉えることはできない。そのため、本章では哲学としての現象学ではなく、事実の学問としての現象学に基づいて個々の事例における子どものあり方を探っていくことにする。そこでここでは、まず哲学としての現象学と経験の学問や事実の学問としての現象学との違いを、現象学的精神病理学の創始者とされているビンスワンガーの記述に基づきつつ示したい。そして、経験の学問や事実の学問としての現象学に基づいて、子どものあり方を明らかにする必要性を探っていくことにする。

哲学としての現象学と、ビンスワンガーがいうところの「経験の学問、ないしは事実の学問」(Binswanger, 1947, S.33/ 39頁)としての現象学は、いずれも人間の意識のあり方を探る、という点では同じである。しかし、哲学としての現象学は、「純粋な本質と本質連関という意味での、純粋……意識」(a.a.O., S.29/ 同書 34頁)についての学問である。しかも、哲学としての現象学においては、哲学者自身の意識を出発点として、その本質を明らかにすることがめざされる。純粋な現象学である哲学としての現象学による思索は、現実の経験に先立っているという意味で「アプリオリといわれているものであって、経験から汲みつくされたり経験を通じて根拠づけられたりすることのないもの」(a.a.O., S.31/ 同書 36頁)である。そのため、哲学としての現象学によって明らかにされたことは、そのままでは現実の個々の経験にそのまま応用されうるか、ということに慎重にならざるをえないのである。

他方、経験の学問や事実の学問としての現象学の場合は、「自分とは異なる他者の自我についての知覚」（a.a.O., S.34/ 同書 40頁）に基づいて他者のあり方を解明する学問であり、経験から汲み取られ経験を通じて解明される学問である。それゆえ、事実の学問としての現象学の場合には、研究対象となる他者と向き合って、他者の中で生じていることを探ることになる。しかしだからといって、事実の学問としての現象学は、対象が他者ではあるが、自分を他者と切り離してその他者のあり方をいわゆる第三者の立場から探るわけではない。このことについて精神病理学と現象学とを架橋したビンスワンガーにおける「精神病理学的現象学」（a.a.O., S.33/ 同書 39頁）を基に、探っていくことにする。

ビンスワンガーによれば、従来の精神病理学では、患者の精神がどのようであるかを、精神病理学者自身とは切り離して探っていく、とされている。つまり患者を客体としたうえで、患者の姿から捉えられることを明らかにする。そのため、精神病理学的に患者の精神を探ろうとする時、患者の「心的事象を自然〔科学〕的な属や類や種へと分類する」（a.a.O., S.36/ 同書 43頁）こととなる。

たしかに、患者が示しているさまざまな容態に基づいて病名をつけるといった分類をすることで、患者の陥っている事態を明らかにすることはできるかもしれない。しかし、こうした事態を明らかにしただけでは、患者に寄り添って患者の精神のあり方を解明することはできない。そこで現象学の捉え方を取り入れた、精神病理学的現象学による捉え方が必要となる。ビンスワンガーによれば、精神病理学的現象学では、「言葉の口調や意味からその言葉の意味が示そうとしている対象や事柄や体験へと注意の向きを変えること」（a.a.O., S.37/ 同書 44頁）によって、患者の意識のあり方を探ろうとする。つまり、患者に特徴的な行為の理由や原因に焦点が当てられるのではなく、患者の意識が向いている対象に焦点が当てられる。この際、精神病理学的現象学者は、「対象を見ることだけでもって自から対象の中に入り込んでいることを感じ取る」（ebd./ 同所）という仕方で、患者の精神を直感的に捉えていることになる。いいかえるならば、捉える者自身の身を研究対象である患者の中におく、ということである。

しかしだからといって、この時、患者に感情移入をするわけではない。患者と向き合った時に、捉える者自身の中で生じたことを明らかにするのである。たとえば、患者を捉えようとする際、捉える者が患者に対して何らかの親しみのなさを感じたとしよう。精神病理学的現象学に基づいて捉えるのであれば、捉える者は、自身が親しみのなさを感じていることについて「無媒介的に、ないしは直接的に」（a.a.O., S.19/ 同書 19頁）捉えようとする。というのは、無媒介的に、あるいは直接的に捉えるということは、「いっきょにありありと」、しかも「包み隠されたりおおい隠されたりすることなく……精神的に」（a.a.O., S.27/ 同書 31頁）捉えることであるからだ。そして、自身が患者に対して親しみのなさを感じているがために、患者は疎外感を感じている、ということを明らかにすることができるだろう。このようにして、患者を捉えようとする時に、捉える者自身の意識の中に生じたことを明らかにすることで、捉える者と捉えられる者との関係の中で生じていることが明らかになる。

他方、従来なされていたような仕方で精神病理学的にこの患者を捉えるのであれば、捉える者は自身が親しみのなさを感じていることはおいておき、患者から見受けられることを病名によって説明することになる。ところが精神病理学的現象学では、患者を捉える者は患者と自身とを切り離すことなく、むしろ患者の中に入り込んで捉えることによって、捉える者と患者との関係を明らかにし、患者の意識のあり方を捉えるのである。

以上のことをふまえると、教育実践の現場においても、子どものあり方を捉える時には、自分自身の意識に基づいて、純粋意識のあり方を解明する哲学としての現象学ではなく、他者の意識のあり方を解明する事実の学問としての現象学に基づく必要がある、ということがわかる。また、その時には、精神病理学的現象学に基づくことによって、他者の中に捉える者自身が入り込むような仕方で他者を捉えることが求められる。そこで本章では、事例研究をする際に、事実の学問としての現象学的な方法で個々の事例における子どものあり方を探ることにする。しかし事実の学問としての現象学に基づいて事例研究をすることは、たんに個別の事例の解明に留まらない。というのも、次の3で明らかにするように、一見すると相反しているように思われる、個別性と普遍性とのあいだにおける密接な関係が認められるからである。

3 個別性と普遍性

先にも述べたように、哲学としての現象学は一般性を求める学問である。ビンスワンガーも、哲学としての現象学のもつ一般性について以下のことを述べている。哲学としての現象学では、「すべての意識〔に属している〕基本的性格」(Binswanger, 1947, S.27/ 31頁)を捉えようとする。そして、哲学としての現象学では、「任意に多くの個別的な」意識の作用にとって変わることなく「同一のもの」を捉えようと試みることが求められるため、「偶然的なことや個別的なことに拘泥しない」(a.a.O.,

S.24/同書 27頁）ようにしなければならない。すなわち、哲学としての現象学は、個別的な事柄に囚われることなく、「普遍的本質へと……踏み込んでいく」（a.a.O., S.29/同書 34頁）のである。それゆえ、ビンスワンガーによると、哲学としての現象学では、個別と切り離されることで普遍性が保証されることになる。

ということは、個別とは切り離されない事実の学問としての現象学の場合は、普遍性をそなえていないし、普遍性を求めていないということになるように思われてしまう。しかし、事実の学問としての現象学は、本当に普遍性をそなえていないのだろうか。あるいは、そもそも事実の学問としての現象学は、学問であるにもかかわらず、普遍性をそなえていなくてもいいのだろうか。以下では、事実の学問としての現象学がそなえている普遍性について、さらに探っていくことにする。

哲学としての現象学とは異なり、事実の学問としての現象学の場合は、個別の事柄や出来事から切り離されることがないままに、本質を明らかにしようとする。そのため、一見すると、事実の学問としての現象学には普遍性がそなわっていないように思われるだろう。しかし木村は、本書冒頭の「課題と方法」で引用されているように、一般的な事柄に基づいて、それに属する個別の事柄が説明されるのではなく、個別的な事柄の根底から一般的な事柄を見出すことができる、としている。たとえば、多くの患者の姿を見て、それらの患者に共通する事柄をいわば抽象的に見出すといった、表面的な共通性を見出すのではなく、個別としてのある一人の患者の意識のあり方の根底に潜んでいるものを見出そうとすると、こうして見出されるところの個別の根底に潜む事柄が本質に関わる普遍的なものとして捉えられるのである。すなわち、個別の根底に潜む事柄は本質であり、そしてその本質は個別を超えた普遍性をそなえているのである。

たとえば、ある一人の三歳児が靴を履いている時に母親が手伝おうとすると、手伝いを嫌がることがある。この時、この三歳児の行動の表面的な部分を捉えると、彼には自我が芽生えている、と捉えられるだろう。しかしこうした捉え方は、三歳児の行動を自我の芽生えというキーワードでただおきかえただけでしかない。しかも、自我の芽生えの際に起こす行動は子どもによってそれぞれ異なるため、靴を自分で履きたいということがどの子どもにも当てはまるわけではないだろう。そのため、個別の行動を自我の芽生えという言葉で命名しただけでは、普遍性は導きだされないのである。

この個別の根底に潜む本質をこそ探らなければならない。手伝われることを嫌がるのは、それまでは親と一体となってそのつどの状況に溶け込んでいた状態から分離独立することによって、メルロ－ポンティの言葉を使えば、親と一体となって溶け込んでいた状態を「遠くに押しやる」(Merleau-Ponty, 1953, p.58/１８９頁）ことによって、親とは切り離された状態へと移行するからである。このことによって、子どもにはたとえば靴を履くことや服を着ることや幼稚園で名札をつける、といったことを自分だけで行ないたいという気持ちが生じるようになる。靴を履くのを手伝われることを嫌がるというような個々の活動は子どもによって異なるが、自我が芽生えた子どもは、親と切り離された状態に移行しているという点では共通している。実際になされる行為そのものは個別的な事柄であっても、この個別の事柄の本質には親とは切り離された状態でそのつどの状況に関わることができるようになった、という事柄の普遍性がそなわっているのである。これらのことをふまえると、事実の学問としての現象学においての本質には普遍性がそなわっている、ということが明らかになる。

また、現象学に基づいて事例研究を行なう際には、その事例において生じていることを詳しく記述するだけではなく、記述されていることを現象学の観点から捉え直すことが求められる。すなわち、個別の事例について記述しながらも、事例の中で生じていることを現象学の観点によってパラフレーズしながら明らかにすることが求められるのである。

このパラフレーズ（paraphrase）には、「（わかりやすくするための）言い換え」（新英和大辞典 第六版 2002）という意味がある。しかし、パラフレーズという言葉の中のパラ（para）には「同等」（同書）という意味があり、フレーズ（phrase）には「句」（同書）という意味がある。そのため、パラフレーズとは、文字どおりには、ある句をそれと同等の句でもっていいかえる、ということを意味している。それゆえ事例研究を行なう時のパラフレーズは、当の事例が理論的背景としている哲学的な記述と事例となっている人間に生じていることの解釈とが同等の意味をそなえている、ということをその内実としているのである。つまり、当の事例についての現象学的な理論と事例の記述とが同調し合っていることが求められるのである。哲学としての現象学は、人間の本質についてそれまでは気づかれなかったような意識の中の何らかの本質を現象学に特有の言葉で解明している。そのため、具体的な人間の中で生じていることをそれと同等の現象学の句でもって記述することによって、事例を研究していくことが求められるのである。

さらに、ある個別の事例をそれと同等の句でもってパラフレーズすることによって、哲学的な解釈が普遍的な解釈である、ということを明らかにすることができる、ということにも着目したい。すでに第2章第1節で詳しく探られたように、そもそも哲学的な解釈は、それがある哲学者によって初めて記述された時には、それだけでは普遍的なものではない。というのは、哲学的な解釈は、ある思索者の個別的な思索であり、しかも、その思索の内容が個別的であることによって思索の独創性が保障されるため、それが独創的である以上、普遍的なものではないからである。つまり思索者は、思索者個人の中で生じていることを明らかにしているため、そこで明らかにされたことには誰にでも当てはまるような普遍性がそなわっていないのである。たとえ思索者が自身の意識のあり方に潜む本質を明らかにしたとしても、その本質は、独創的であるため個別的な思索でしかない。その思索の根底に潜む本質が何らかの現実の個別的なあり方と呼応し合わなければ、それはいまだ普遍的な本質とはなりえないのである。

そこでたとえば、ある思索者の個別的な思索に基づきながら、事例研究においてそこで生じていることをパラフレーズしながら解明できた時に初めて、この事例に描かれている人間や事柄においても思索者の思索したことと同等のことが生じている、ということが明らかとなる。ある思索者の思索はその思索者だけに生じていた個別的な事柄でしかなかったが、ある現実の事例においても同じことが生じていたことが明らかにされることによって、思索者のその思索は普遍的なものである、とみなせるようになる。事例で生じていることを哲学における句でもってパラフレーズしながら解明することは、思索者の思索の普遍性を導きだすことになる。事例研究は、ある思索の応用ではなく、事例研究自体がある思索の普遍性を保証するのである。

以上本節では、まず1で、教育実践の現場では個々の事柄をそのつど捉える必要性を明らかにし、教育実践の現場における事例研究の意義を示した。2では、哲学としての現象学と事実の学問としての現象学との違いを明らかにし、事実の学問としての現象学に基づいて事例研究をする意義を示した。さらには、事実の学問としての現象学に基づいて事例研究をすることは、他者の意識の中で生じていることを明らかにする、ということが示された。最後の3では、個別についての事例研究は、ある思索者が思索した哲学としての現象学の根底に潜む普遍性を導きだすことになる、ということが示された。

本章では、事実の学問としての現象学に基づきながら事例研究を行なうことにする。

第2節　お決まりの活動

幼稚園や保育所といったいわゆる園と家庭とでは、子どもにとっての空間のあり方が大きく異なっており、入園して間もない頃の子どもにとっての園空間は、多くの場合、不安を与えるような空間となっている。しかし、園に慣れていくことで、当初は不安を与えた空間が、子どもの存在を支えてくれるような空間へと変化する。こうしたことから、子どもにとっての園空間のあり方が子どもの活動にどのように関係しているのか、ということをまず明らかにしたい。そのうえで、たとえば登園後に靴を履き替えるといった、お決まりの活動によって子どもが園に慣れていくことができるようになることを導きだしたい。そして、このことと対比的に、本節の事例における子どもの場合では、あるお決まりの活動は自然に行なえても、他のお決まりの活動に移行できない時のあり方を明らかにする。また、お決まりの活動へと移行できない時の子どもに対する保育者の働きかけの意義について、おぎない合う呼応の観点から探ってみたい。

これらの課題を遂行するために、1では、子どもにとっての空間のあり方を現象学の観点から記述している榎沢に依拠しつつ、非行動空間、準行動空間、十全な行動空間、存在空間の違いを明らかにし、それぞれの空間の中での子どものあり方を探っていくことにする。また、お決まりの活動をしている時の子どものあり方について探り、非行動空間における子どもがお決まりの活動をすることの意義について明らかにしたい。2では、本節で取り挙げる事例における子どもがお決まりの活動をしている時のあり方を探っていくことにする。3では、おぎない合う呼応という観点から、お決まりの活動へと自然に移行できない子どもと保育者との関係を探っていくことにする。このことによって、二人の人間が共同して目的を達成するためには両者の身体が一体化されなければならないが、本節の事例においてはこうした一体化が生じていなかったことを明らかにしたい。

本節では次の事例を取り挙げる。

【登園時におけるお決まりの活動】〔年少・20×0年11月30日・晴れ〕

サクラちゃんは、カバンを床に下ろすでもなく、両手でカバンのベルトを握って持った状態で立っている。遠くの方をぼんやりと眺めたり、目の前の机の上をぼんやりと見たりしている。保育者が、クラス全体に「バスの子ー。Aちゃん、Bちゃん、Cくん、Dくん、ここに置いとくからしまっといてね」と呼びかけ、連絡帳を机の上に置く。サクラちゃんは、「バスの子ー」という保育者の呼ぶ声が聞こえると、保育者の方を向き、保育者が話しているあいだ、保育者の方を見ている。そして、持った状態であったカバンを床に下ろす。サクラちゃんは、そのカバンをすぐに持ち上げ、机の上に置こうとする。しかし、目の前の机の上にはカバンを置くスペースがないため、彼女はカバンを持ったまま、周りを見渡す。隣の机が空いていることに気づくと、彼女は隣の机に移動し、カバンをそこに置く。カバンを置き、ぼんやりと周りを見るも、保育者の声がすると、保育者の方を振り向く。その後、周りをぼんやりと見ながらカバンを開ける。

保育者は、彼女がカバンを開けている時、彼女に少し近づく。しかし、彼女は、保育者が近づいたことには気づかない。サクラちゃんは、保育者が再び近くに来ると、保育者の顔を見る。保育者は、サクラちゃんのカバンを持ち、彼女のズボンを脱がす。サクラちゃんは、保育者にズボンを脱がしてもらうと、自分でもう一つのズボンをはく。保育者は、カバンの中に入っている給食セットやタオルを机の上に出し、カバンを閉じて机の上に置く。サクラちゃんは、シャツをズボンに入れ終えそうになると、自分の給食セットやタオルを探す。それらを見つけると、手に取り、給食セットの中からコップを出す。コップと給食セットを持って、それらを置くカゴがある場所に行く。

彼女は足早にカゴがある場所に行く。その時、タオルが下に落ちる。彼女は、タオルが落ちたことに気づくも、両手がふさがっていたため、拾わずにそのままにしておく。彼女がコップや給食セットをカゴに置いている時、他の子どもが、サクラちゃんのタオルが落ちていることに気づき、そのタオルを拾う。サクラちゃんは、タオルが落ちたことは忘れており、自分のカバンが置いてある場所に行き、カバンを片付けようとする。タオルを拾った子どもは、そのタオルがサクラちゃんの物だとわかると、タオルを持って「サクラちゃん」と呼びながら、保育室内を歩く。サクラちゃんは、カバンをロッカーに置きに行く際、その子どもの横を通る。しかし、サクラちゃんは、その子どもの声が聞こえず、その子どもの横を通り過ぎ、カバンをロッカーに置く。

ロッカーから戻ってくると、サクラちゃんは、その子どもが自分のタオルを持っていることに気づき、タオルを受け取る。サクラちゃんはタオル掛けにタオルを掛けに行く。タオルを掛け終えると、カバンが置いてあった机の方に行く。周りをぼんやりと見ながら、顎の下や頭に触る。頭に触った時、まだ帽子を被っていたことに気づき、彼女は帽子を脱ぐ。帽子についているゴムをいじりながら、ゆっくりと自分のロッカーの方に行く。帽子をロッカーに掛け終えると、ぼんやりとした表情で周りを見る。お腹の前で左手の指を右手で触る。指をモゾモゾしながら、保育者の方を見る。彼女は一度トイレの方に身体を向けるも、保育者の方に身体を向け替え、トイレに行ってもよいかを聞く。保育者は、「いいよ」と言いながら、サクラちゃんの頭をそっと叩く。

この事例は11月のことであるため、サクラちゃんは、すでに園や保育室に慣れているはずである。にもかかわらず、彼女はあたかもこの空間で適切な活動をできないかのように思われてしまう。そこでこうした子どもにとっての園空間はどのようなあり方となっているかということを、まず1で探っておく。

1　子どもにとっての園空間

入園したばかりの園に慣れていない子どもにとって、園空間は、家庭における空間とは異なり、不安や緊張を与える「外部空間」（榎沢 2004、81頁）となっている。このことについて榎沢は、園空間の子どもにとってのあり方という観点から、次のように論を展開している。

榎沢はまず、ボルノウにならい、家屋という空間が「『くつろぎ』『やすらぎ』『安心感』を与えるのに対して、園空間は、まずは、それらとは異質な『不安』や『緊張』を与える外部空間」（同書 82頁）である、ということを指摘している。そして外部空間は、園生活に慣れることによって「行動空間」（同所）や「存在空間」（同書 84頁）へと移行するという仕方で、子どもにとって変化していくことになる、としている。榎沢によると、行動空間には、「準行動空間」と「十全な行動空間」（同書 86頁）の二つがある。準行動空間とは、「身体にあまり活動性が感じられず、自由に行動できているわけではないが、子どもたちがその空間に自ら留まっており、そこに展開している活動に関心を向けていられる空間」（同所）のことである。自ら自由に活動はできないが、他の子どもたちに興味をもっている時の子どもにとっての空間が準行動空間である。十全な行動空間とは、「子どもたちが生き生きと自由に生きている場合の空間」（同所）のことである。外部空間がくつろぎややすらぎを与えてくれるような「内部空間」（同書 81頁）となることで、安心して何らかの意味をもつ活動をすることができる「行動空間」（同所）となる。存在空間は、「自分の存在を支え可能にしている」（同書 84頁）空間であり、安心して活動をすることができ、自己の存在を確認できるような場のことである。園空間が十全な行動空間となっていない場合、子どもは、たとえば靴を靴箱に入れたり、連絡帳にシールを貼ったり、といった「お決まりの活動」をすることによって、「園空間に自分の痕跡を記していくことになり、いつもの自分自身の空間としてそこを生きられるようになる」(同書 88頁)。

以上榎沢に基づき、園空間における子どものあり方と、子どもにとっての園空間のあり方が変化することについて明らかにすることができた。次の2では、本節の事例における子どものあり方を探る前に、この時の彼女のあり方とは対極にある子どものあり方についてまず探っておきたい。なぜなら、こうした対比により、この事例における彼女のあり方がより明確になるからである。

2　子どもにとってのお決まりの活動

ここではお決まりの活動について探っていくことにする。本節の事例におけるサクラちゃんがお決まりの活動をしている時のあり方を、園が行動空間となっている子どもにとってのお決まりの活動のあり方と対比的に、探っていくことにする。そして、彼女は目的意識をもつことができず、何を行なえばよいのかがわからない状態がたびたびあったということを明らかにしたい。

この事例においてもそうであるように、家庭から各自が持参した荷物などを登園後に整理することは日々繰り返されているため、それほど意識をしていなくても、子どもたちはこのことをかなり容易にできるはずである。この事例においても、給食セットからコップを出すことや、所定の場所にコップを置きに行くことは、お決まりの活動であるため、サクラちゃんは、それほど意識せずにこうしたことを行なっていた。しかし、幼稚園における自由遊びの時間においても自分から積極的に行動できる子どもにとってのお決まりの活動の場合と、カバンを床に下ろすでもなく手に持ったままのサクラちゃんにとってのお決まりの活動の場合とでは、お決まりの活動に対する子どもの意識のあり方がかなり異なるのではないだろうか。

活発な子どもの場合は、荷物の整理を終えた後に何を行なおうか、という目的意識がはっきりしている。そのため、お決まりの活動はさっさと済ませて、たとえば急いで園庭に出て自分のしたい遊びをする。このような子どもにとっては、お決まりの活動を無意識に行なっているのではなく、「これはさっさと済ませて、早く園庭に出てあれをしたい」という気持ちになっている。そのため、こうした子どものなかには、お決まりの活動を機械的に行なう子どももいれば、なかには手を抜いて行なうような子どももいるだろう。

特にコップや給食セットを置く場所はすでに決まっているため、それほど意識しなくてもお決まりの活動はできるはずである。コップはどこに置くのか、給食セットを置く場所はどこにあるのか、といったことについての明確な目的意識をもたなくても、適切な活動を行なうことができるため、活発な子どもの場合には、園庭に意識が向けられている。このような子どもの場合には、早く園庭に出たいからさっさと済ませたいという気持ちでお決まりの活動をしているため、サクラちゃんが行なうべきお決まりの活動とでは、活動の意味が異なってくる。本来、何かを行ないたいという気持ちがあれば、カバンを持っている、といった両手がふさがった姿勢を、子どもは長く保つことはしないはずである。他方、サクラちゃんは両手がふさがった姿勢を長く保っていたことからすると、次に何かを行ないたいという目的が彼女にはないのではないか、ということが考えられる。

しかし、この事例において、コップや給食セットをカゴに置く時は、カバンを机に置く時とは異なり、サクラちゃんの動きが速かった。給食セットをカゴに入れる時のサクラちゃんは、机の端にあるカゴに手を伸ばして入れている。この様子からすると、この時には、彼女の意識が活発になっているだけではなく、目的意識も明確となっている、といえる。

他方、空いている机にカバンを置くという活動は、コップを決められた場所に置くという活動とは異なり、お決まりの活動だけでは実現されえない。なぜならば、カバンを置く時には、机の空いている場所を探さなくてはならないため、カバンを置ける場所が毎回異なるからである。たしかに、これまでの経験からして、カバンを置く場所を探すことまでもお決まりの活動になっていれば、空いている場所をすぐに探して、そこにさっさとカバンを置くことができるだろう。他方、空いている場所をすぐに探せないのは、彼女にとってその行為がお決まりの活動になっていないからであろう。カバンを持ったままの状態の彼女は、何を行なえばよいのかがわからない状態であるのではないだろうか。そのため、しばらくぼんやりとしていたのだろう。そして、保育者の声か、あるいは彼女の目に何かが映ったことがきっかけとなり、彼女はカバンを下ろし、空いている机の方に行ったのではないか。

本節の1で、園になかなか馴染めない子どもは、何らかのお決まりの活動をすることによってその場に慣れる、ということを述べた。しかし、この事例は11月であるため、サクラちゃんは園に不安を強く感じているわけではないだろう。また、お決まりの活動を行なった後に何を行ないたいのかが不明確なため、目的意識がないのだろう。しかもカバンを持ったままでいる時だけではなく、空いている机を見つけそこにカバンを置いても、すぐにカバンを開けることはせずにぼんやりと周りを見ている時も、彼女は何を行なえばよいかわからない状態であった。こうしたことからすると、コップをカゴに置くというこの時のお決まりの活動は、サクラちゃんにとって、榎沢のいうところの「非行動空間」を「行動空間」（榎沢 2004、86頁）へと移行させるためのきっかけを与えてくれるような「お決まりの活動」（同書 88頁）とはなっていない、ということが窺える。むしろカバンを持ったままぼんやりとしていた時や、カバンを床に下ろした後でそれを机の上に置いた時や、コップをカゴに入れた後で何らかの活動を行なうことなく、ぼんやりとしていたことからすると、この時の彼女の意識はまどろんでいた、とみなせるのではないか。彼女にとってのお決まりの活動は、意識がまどろんでいる状態である時に、ただ何となく何かに触発されて、その次の目的がないままに、ある活動をゆっくりと起こした活動だったのではないだろうか。そうしたことを行なっているなかで、たまたまコップを置く、給食セットを置くという、ルーティンとなっているお決まりの活動をする機会が生じたため、それらの活動はスムーズに遂行されたのだろう。しかし、その後は何を行なえばよいのかわからないため、再びぼんやりとしていたのではないか。

他方で、カバンを開けた後に、保育者が彼女に近づいてきて、カバンの中身を出してもらったということは、サクラちゃんにとってお決まりの活動である、と考えられる。というのは、サクラちゃんは、カバンを開けている時は、保育者が近くに来てもそのことに気づかなかったが、いったんカバンを開けた後で保育者が再び彼女の近くに来た時には、保育者の顔を見たからである。こうしたことからすると、それ以前とは異なり、彼女は、カバンを開けたら保育者が近づいてきて、中身を出してもらう、という目的意識はもっていたのではないか。また、保育者が彼女の傍に近寄ったのは、保育者はいつもと同じようにカバンの中身を出そうとしたためなのではないか。しかし、保育者が近づいても、彼女は手伝ってもらうような素振りを見せないため、彼女の方から近寄るのを待つ方がよいと直感的に感じ、そのため保育者はいったんは他の子どもに近づいたのではないか、とも考えられる。サクラちゃんにとっては、カバンを自分が開けると保育者に中身を出してもらうという、いつものお決まりの活動に移れないのではないだろうか。

また、サクラちゃんは、トイレに行く際、一度トイレに行こうとするも、保育者の方に身体の向きを変え、トイレに行ってもよいかについて聞いている。彼女がそのような行動をとったのは、荷物の整理をしてトイレに行くまでがお決まりの活動の流れだったからであろう。しかしこの時の彼女は、トイレに行きたいという欲求がそれほどなかったのではないだろうか。活発な子どもであれば、多くの場合走ってトイレに行くだろう。保育者に聞いても、聞いた後は走って行くことが多いだろう。しかし、この時の彼女に走る様子は見られない。そのことからも、この時の彼女は、トイレに行きたいという欲求がそれほどなかったのではないか、と考えられる。

以上2では、意識がまどろんでいる時の子どものあり方を見てきた。次の3では、一見すると保育者とのあいだで身体的な関わり合いが生じているように思われるにもかかわらず、お決まりの活動が生じているだけでしかない時の子どもにとっての他者関係について解明したい。

3　おぎない合う呼応とお決まりの活動

　ここでは、他者とのあいだで生じるおぎない合う呼応という観点の内実を明らかにすることによって、このこととは対比的に、たとえ他者関係が生じているように思われても、その関係がお決まりの活動としかみなせない時の子どものあり方を探っていくことにする。

　たとえば、おとなが幼児を抱いている時には、おとなが一方的に抱き上げ、幼児は何もしていない、というように通常は思われるだろう。しかし実際には、幼児はおとなが抱きやすいような体勢を自らとっており、そのため、おとなは楽に幼児を抱き上げることができる。このように、抱くことと抱かれることという関係においても、お互いに相手の身体の動きを暗黙のうちに取り込むような仕方で、両者は抱き上げたり抱かれたりしている。ここではこのようにして、二人の人間が共同して一つのことを達成しようとする時には、お互いが他方の活動と共同し合っていることを明らかにしたい。そのうえで、保育者にズボンをはかせてもらう時のサクラちゃんのあり方を探り、この時の保育者と子どもとの関係を解明したい。

　サクラちゃんがカバンを開けた後で保育者の顔を見たことからすると、彼女は保育者とたんに関わりたかったのではないか、とも思われるかもしれない。しかし、保育者と関わりをもとうとする時には、子どもは、保育者とのあいだでおぎない合う呼応の関係になりたいはずである。しかしこの時のサクラちゃんには、保育者に関わりたいという想いが抱かれていなかったと思われる。

おぎない合う呼応とは、二人で共通の目的を達成しようとしている際に、お互いに相手の身体活動をおぎない合っているということである。二人の人間が共同して何かを行なっている時には、お互いに相手の身体の動きや次に取られるであろう身体の動きを感じ取り、相手がその行為を少しでも行ないやすくなるように自分の身体活動を調整する、ということが生じている。たとえば、一人がコップを持ち、もう一人がそのコップに水をそそぐ時、コップを持っている人はコップを少し傾けて持つというように、水をそそぐ人が少しでもそそぎやすくなるようにする。他方で、水をそそぐ人は、勢いよくそそぐのではなく、コップを持っている人がコップを持ち続けていられるよう、少しずつ水をそそぐ。このようにして、二人の人間が共同して何かを行なう時、お互いの身体の動きは、他方の身体の動きをおぎなうような仕方で関わっている。しかしこの時、身体活動だけがお互いに対応し合っているのではなく、そのことと同時に、二人の感情や気分もおぎない合いながら呼応し合っている。二人の感情のおぎない合いが生じていなければ、身体活動のレベルでのおぎない合いが成り立たないからである。このように、二人が共通の目的をもって活動に取り組んでいる時には、身体の動きをお互いにおぎない合っているだけではなく、一方の感情や気分が他方の中に入り込み、その結果、二人は同じ想いになって活動に取り組んでいるのである。

また、おぎない合う呼応の関係の中にいる二人の人間の身体は、すでに第2章第6節で述べられていたメルロ－ポンティの言葉を使えば、一体化された一つの身体へと組織化されている。それゆえ、おぎない合う呼応の関係では、二つの身体が一つの身体として、他方の身体で起きていることをお互いに感じ合うことが可能になるのである。たとえば、二人で大きな机を運ぶ際、以下のようなことが生じている。一人は、相手よりも低い位置で机を持つようにし、相手に机の重さが多くかからないようにする。すると、もう一人も同じように相手よりも低い位置で机を持とうとする。そのことによって机を持つ両者の位置は同じ高さになり、机は水平になる。この時、この二人は、「この高さで持ちたい」、という相手の想いを意識しなくとも、相手の身体の動きを感じ合うだけで、相手の想いと身体の動きに応えている。さらには、歩く速さに関しても同様のことがいえるだろう。お互いに相手の歩く速さを感じることで、二人にとって歩きやすい速さで机を運ぶことができるようになる。このように複数の人間同士が共通の目的をもって共に行動をすることで、お互いの身体の中で起きていることを感じ合うことができるだけではなく、さらには相手の想いにも応えることができる。

このようなおぎない合う呼応の関係から見ると、保育者がサクラちゃんの着替えを手伝おうとした時の彼女と保育者との関係は、おぎない合う呼応の関係になっていない。というのは、保育者によってズボンを脱がしてもらった後は、彼女は自分でズボンをはいていたからである。ズボンを脱がしてもらう時には、保育者が脱がしやすいようにサクラちゃんは足を上げ下げしていた。ここでは、彼女と保育者は、共通の目的をもってお互いにおぎない合う呼応の関係を生きていた、といえる。しかし、その後は自分一人でズボンをはいていた。ということは、保育者と関わりたいという意識よりも、できないところを保育者に行なってもらえれば後は自分でできるから、できないところを手伝ってほしいという意識の方が彼女の中では強かったのではないだろうか。保育者と関わりたいという気持ちが彼女にあれば、自分一人でできることでも、お互いにおぎない合うという仕方での二人の共同作業が生じたはずだろう。多くの場合、自我の確立している子どもは、ズボンを自分一人ではき終えると、自分一人でできたという結果を保育者に伝えることで、自分の作業が完成した、ということについて保育者と共通の認識に至る。しかし、サクラちゃんの場合は、そのような関係を生きているわけではないようである。彼女にとっては登園後の着替えはお決まりの活動として、保育者に行なってもらっているだけとなっており、保育者とおぎない合う呼応の関係を築こうという想いは彼女にはなかったのであろう。それゆえ、この時の保育者とサクラちゃんの関係は、保育者が一方的に彼女をおぎなうという関係でしかなかったのではないだろうか。しかも、彼女の表情や振る舞いからは、保育者との身体的な一体感がほとんど感じられなかった。

本来園におけるお決まりの活動は、それまでの非行動空間を行動空間へと変えることを可能にしてくれるはずであるが、本節の事例における子どもの場合には、こうした変化が生じていなかった。さらには、この事例の前半における当の子どもは、何らかのお決まりの活動を起こすことはできても、その活動の前後では、目的意識が見られず、まどろんでいる意識の状態であったことが明らかになった。また、この事例の後半におけるこの子どもと保育者との他者関係においては、通常生じるような両者の身体的一体感が感じられないことが指摘された。

次節では、本節で述べてきたまどろんでいる意識のあり方を、自己触発という観点からさらに探ることにしたい。その際に、自分の行為によって自分自身が触発されるという自己触発には二種類あることを明らかにし、これら二種類の自己触発に関わらせながら、事例で取り挙げる子どもにおけるまどろんでいる意識から活発な意識への変化を明らかにしたい。

第3節　身体運動に伴う自己触発

本節では、自己触発の観点から、本章で主として取り挙げている子どもの意識のあり方について探っていくことにする。本節での主要な観点となる自己触発には二種類あり、退屈さを紛らわせるために行なう身体運動に伴うものと、自己触発に伴う心地良さを味わえるものとがある。それゆえ、自己触発の種類に応じて、意識のあり方が異なってくる。こうしたことからまずは、これら二種類の自己触発の内実を明らかにしたうえで、身体運動に伴う自己触発が生じている時の子どものあり方を探っていくことにする。

また、明確な目的のないまま身体の一部を使って同じ動作を繰り返す、いわゆる手慰みには、手慰みによって自己触発が生じることで退屈さが紛らわされることになる場合と、退屈さすら感じられず、ただ手慰みをしているだけの場合があることを示す。そのうえで、前者の場合は、退屈さを感じているため意識ははっきりとしているが、後者の場合には、退屈さを感じられないほど意識がまどろんだ状態となっていることを示す。以上のことを明らかにすることによって、活発な意識とまどろんでいる意識のあり方について探っていく。

1ではまず、二種類の自己触発の違いを明らかにしたい。そのうえで、本節で取り挙げる事例において自己触発が生じている時の子どものあり方を解明したい。2では、退屈さすら感じられないまま手慰みをしている時の子どものあり方を探っていくことにする。そのうえで、本節の事例の子どもの意識がまどろんだ状態から活発な状態へと変化していく様子を明らかにしたい。

本節では次の事例を取り挙げる。

【テラスでの手慰みから鉄棒での遊びへ】〔年少・20×1年1月25日・晴れ〕

サクラちゃんは、膝を伸ばした状態でテラスに座っている。サクラちゃんの背中側にコウくんが座っている。サクラちゃんは、まどろんだ表情で、右斜め下や前を見ながら、右手でテラスをさすっている。さすりながら、時々右手の手許を見る。その後テラスをさするのを止めると、砂場の方や左斜め下をぼんやりと見る。砂場にいたチエミちゃんが、サクラちゃんのもとに行く。チエミちゃんは、サクラちゃんの前に立つと、サクラちゃんの左手を取り、手をつなぐ。サクラちゃんは、チエミちゃんと手をつなぐと、立ち上がる。そして、チエミちゃんに手を引かれながら、砂場の方へ歩いて行く。コウくんはその後ろを追うようにして歩く。

砂場に着くと、サクラちゃんとチエミちゃんはつないでいた手を離す。チエミちゃんは、砂場の中に入る。彼女は、ドッヂボールで遊んでいる子どもたちの方を指さす。チエミちゃんが指をさすと、彼女の背中側にいた他のクラスの子どもたちが反応し、指をさした方向を見る。しかし、サクラちゃんは、チエミちゃんが指をさしていることに気づかず、下を向いたり、その場で小さくジャンプしたりする。その際、サクラちゃんは、ズボンの両ポケットに両手を入れている。一度ポケットから両手を出すも、すぐに手を入れる。コウくんがテラスの方へ歩きだすと、サクラちゃんもテラスの方へ歩きだす。そして、再びテラスに座る。サクラちゃんは、当初と同じように、ぼんやりとした表情でテラスに座っている。

保育者は、離れたところで他の子どもたちと遊びながらも、サクラちゃんやコウくんのここまでの様子を見ていた。そして、二人が再びテラスに戻ったことに気づくと、保育者は二人のもとに行く。そして保育者は、二人に話しかけ、鉄棒のところに行くことを誘う。サクラちゃんとコウくんは、保育者と一緒に鉄棒のところに行く。サクラちゃんは、鉄棒に両腕をかける。保育者は、サクラちゃんの手を持ち、鉄棒を掴むように導く。保育者は、サクラちゃんが前回りをできるよう身体を支える。サクラちゃんは鉄棒に上がる。鉄棒に上がると、回ることはせず、保育者に鉄棒から下ろしてもらう。保育者は、サクラちゃんを鉄棒から下ろすと、そのまま彼女を抱き上げる。その後、他の女の子やコウくんが鉄棒で遊ぶ。鉄棒が空くと、サクラちゃんは、再び鉄棒につかまる。そうすると、保育者も再び、彼女の身体を持ち、支える。先ほどと同様に、サクラちゃんは鉄棒に上っても回ることはせず、下ろしてもらう。彼女が鉄棒から手を放すと、他の女の子が保育者に「手が冷たい」と話しかける。すると保育者は、「冷たいね」と言いながら、その女の子の手やほほに触る。その女の子のほほに触ると、次は、隣にいるサクラちゃんのほほに触る。サクラちゃんは、保育者にほほを触られると、笑う。

その後、彼女は、ズボンの両ポケットに両手を入れながら、砂場の方に向かって数回ジャンプをする。さらに彼女は、ポケットから手を出して、五回ほどジャンプをする。その後サクラちゃんは、一度鉄棒の方を振り向き、そのまま小走りで砂場の方に向かって行く。彼女は、砂場の傍に着くと、両ポケットに両手を入れながら、その場で数回ジャンプをする。その後彼女は、地面を見ながら歩き回ったり、大きめのジャンプをしたりする。

この事例では、鉄棒で遊ぶ前までと鉄棒で遊んだ後とで、身体の活発さや表情の違いがサクラちゃんに見られる。テラスに座っていた時、彼女は、ぼんやりとした表情をしていたが、鉄棒を終えて砂場に行った時には、笑顔が見られる。さらに、チエミちゃんに手を引かれ、テラスから砂場まで連れられた時のサクラちゃんの歩き方と、鉄棒から離れて砂場まで行った時のサクラちゃんの歩き方とでは、違いがある。彼女は、チエミちゃんに連れられた時は、飛び跳ねるような歩き方はしていない。しかし、鉄棒から離れて砂場に行く時の彼女は、小走りをしている。たしかに、チエミちゃんに連れられて砂場に来た時にも少しジャンプをしてはいたが、鉄棒から離れ砂場でジャンプをした時の方が表情も明るく、ジャンプも高く軽やかになったように感じられる。

しかし、一回目のジャンプの際のサクラちゃんは、身体を動かすことに対して、それほどの楽しみを感じているようではないが、身体を動かすことによって、何らかの目的を達成しようとしていたのではないだろうか。一般的にも、たとえば一輪車に乗っている際には、体勢が崩れそうになった時に、何とか体勢を立て直してバランスを保つ、というような仕方で身体を動かすことの楽しさが感じられるだろう。サクラちゃんの場合は、そこまでの楽しさは感じられなかったのだろうが、身体を動かすことによって何かを感じようとしていたのではないか、と考えられる。他方、二回目のジャンプの際には、サクラちゃんには笑顔が見られた。

以上のことから、チエミちゃんに連れられて来た時のサクラちゃんのあり方と、鉄棒を終えてから砂場に来た時のサクラちゃんのあり方とでは、以下で示すように、違いがある、ということがわかる。

鉄棒を終えてから砂場に行った時、サクラちゃんは、まずチエミちゃんの傍らで歩き回ったり、ジャンプをしたりしていたため、一見すると、彼女が鉄棒のあるところから砂場へ走って行ったのは、砂場にいたチエミちゃんと遊びたい、という気持ちがあったから、というように考えられるかもしれない。しかし、そもそも子どもは、急ぐ必要がないにもかかわらず、ある場所へ走って行く、ということがよくある。こうした時には、何かを行ないたいという気持ちや、たとえばトイレに行きたいという気持ちや、早く目的地に到着したいという目標があるわけではないため、普通に歩いて行けばいいものの、子どもはその場所へ走って行こうとする。子どもは、走るといった活発な動きをついしてしまうのである。こうしたことからすると、サクラちゃんが鉄棒のあるところから砂場へ走って行ったのは、砂場にいたチエミちゃんと遊びたい、という気持ちがあったからだとはかぎらない、という可能性が出てくる。そこで以下では、この可能性について探ってみたい。

その際に注目すべきことは、サクラちゃんが砂場へ行く際に小走りをしたり、砂場に着いてからジャンプをしたりしていた時に、彼女はどのようなあり方をしていたのか、ということである。そして、この時の彼女のあり方を探るためには、そもそも身体を動かしている時の意識はどのようなあり方をしているのか、ということを明らかにする必要がある。こうしたことから、以下ではまず、何らかの身体運動を繰り返している時の子どものあり方について探っておきたい。

経験的にもよく知られていることだが、子どもは、何もすることがなくじっとしていると、退屈さを感じ、その退屈さに耐えられなくなると、手慰みのような意味のない身体運動を繰り返すことが多い。というのも、そもそも、何もせずにじっとしている時よりも、身体が動いている方が楽しい、と感じることが子どもらしい本来のあり方であり、自分で身体を動かすことによって楽しくなる、といったことは、保育の現場でよく目にする光景だからである。そして、すでに第1章第3節で横井に依拠しつつ、自己触発という観点から、こうした時の子どものあり方が明らかにされた。そこで以下でも、やはり自己触発という観点から、この事例におけるサクラちゃんのあり方を明らかにしたい。

1　二種類の自己触発

すでに簡単に示唆したように、自己触発には二種類あり、それぞれにおける意識のあり方が異なっている。まずは二種類の自己触発の内実を明らかにしたい。そのうえで、この事例の前半と後半とのそれぞれにおいて、自己触発が生じている時の子どものあり方を探っていくことにする。

第1章第3節で明らかにされたように、意識が何らかの対象や出来事に能動的に関わっている時には、対象に関わっている自分自身の意識や行為によっても自身が触発される。何らかの対象や出来事によって自身が触発され、何らかの活動を起こした時には、その対象や出来事に触発されているだけではなく、自身によるこの活動自体によっても触発されているのである。すなわち、私が何らかの対象に能動的に関わると、対象に関わっているということ自体が、私自身には自覚されないままに、私を触発するのである。

たとえば、宝くじが当選したことを聞いたとしよう。私は、宝くじの当選という出来事にまずは触発される。そして、同時に、宝くじの当選を聞いている私自身によっても触発される。この私自身によっても触発されているということが、自己触発である。このようにして、私にとっての外の世界内で生じている出来事に触発されるだけではなく、それらと関わっている私自身によっても私は無意識のままに触発されているのである。

すると、自己触発は意識が働いている時は常に生じていることになる。何かを見ている時、何かを聞いている時、身体を動かしている時など、何らかの行為を行なっている時には、意識が機能していれば必ず自己触発されている。しかし、自己触発がたとえ生じていても、そのことに意識が向けられていなければ、自己触発されていること自体を自覚できない。たとえば、暇つぶしにただ何となくテレビを見ているとする。私は、テレビの映像を見たり、音を聞いたりすることで、自己触発されている。しかし、この時の私にとっては、自身が自己触発されていることについての自覚がない。この時の私は、気づかないままに自己触発されている。退屈さを紛らわすために何らかの行為を行なっている時には、自身は無自覚ではあっても、実際には自己触発が生じており、この自己触発が生じているおかげで、私は退屈さを紛らわせることができるのである。

たとえば保育の現場でよく見られることだが、手持ち無沙汰を紛らわすために足踏みをするといった身体の動きを繰り返すことによって、この動きに伴い受動的に自己触発が生じる。こうした時には、自身が触発されることで空虚さが紛らわされ、手持ち無沙汰な時間を何とか過ごすことができる、といったことが生じている。このように、退屈さを紛らわせるために行なう身体運動に伴う自己触発がある。

他方、自分自身が自己触発されていることに意識が向けられている場合がある。たとえば、スキップをしている時、スキップをすることがますます楽しくなり、身体の動きが次第に大きくなっていく、ということがある。この時の私は、スキップという身体運動によって生じる自己触発に心地良さを感じることで、スキップをすることがより一層楽しくなっている。この時には、自身が自己触発されていることに意識が向けられている。このようにして、自己触発には、自己触発に伴う心地良さを味わうことができるような自己触発がある。

以上のように、自己触発には二種類ある。自己触発が生じることで退屈さを紛らわせることができるために何らかの身体運動を繰り返す場合がそのうちの一つである。さらには、自己触発が生じることで心地良さを味わえる場合が、もう一つの自己触発のあり方である。

以上、二種類の自己触発の違いを明らかにしたところで、本節の事例の前半におけるサクラちゃんのあり方を探っていくことにしよう。チエミちゃんに連れられて砂場に着いた時のサクラちゃんは、その場で小さくジャンプをしていた。するとジャンプという身体運動によって自己触発が生じ、この時の自己触発は退屈さを紛らわせてくれていたのではないだろうか。というのは、一般的に手慰みをすることによって自己触発が生じている時には、それほど嬉しそうな表情は見られないからである。この時のサクラちゃんは、ジャンプをすることで自分自身が触発され、そのことによって退屈さを紛らわそうとしたが、やはり嬉しそうな表情は見られなかった。それゆえ、彼女にとってのこの時の自己触発は、結果として退屈さを紛らわせてくれる自己触発となっていたのではないだろうか。

他方、この事例の後半でのサクラちゃんは、事例の前半で小さくジャンプをしていた時とは異なり、嬉しそうな表情をしている。そのため、彼女が砂場の方へ小走りをしたり、そこでジャンプしたりしたのは、退屈さを紛らわせるためではなかった、と考えられる。そうではなく、一輪車に乗ったり、ただやみくもに走ったりといったことによって生じる自己触発に伴う心地良さと同様の心地良さを、彼女は味わいたかったからではないか。

以上1では、二種類の自己触発の内実を検討し、事例の前半と後半とのそれぞれにおいて自己触発が生じている時の子どものあり方の違いを明らかにすることができた。

2　まどろんでいる意識から活発な意識へ

ここでは、本節の事例の子どもの意識のあり方の変化、すなわち、退屈さすら感じられないほどまどろんでいた意識が、活発な意識へと変化していったことを明らかにしたい。そのためにまずは、退屈さすら感じられないほど意識がまどろんでいる時の子どものあり方を探っていくことにする。そして、他者との触れ合いによって、まどろんでいた意識に活発さがもたらされたことを明らかにしたい。

事例の前半のサクラちゃんは、まどろんでいる表情でテラスに座り、右手でテラスをさすったり、さすりながら手許を見たりしている。テラスをさすっているのは、手慰みであると考えられる。しかし、この時の手慰みは、手持ち無沙汰を紛らわすための手慰みではないだろう。というのは、退屈さを苦痛に感じないほど意識が機能していなかったようだからである。一般的に、子どもは退屈さを感じると、手慰みをすることで自己が触発され、退屈さを何とか紛らわそうとする。たとえば、給食の配膳の待ち時間の際、ただ待つだけで何もすることがないため、子どもは退屈さを感じると、手を叩いたり、指を握ったり、声を出したり、といったことをする。この時の子どもは、手慰み等をすることで、手持ち無沙汰な状態を紛らわそうとしている。

しかし、テラスに座っていた時のサクラちゃんの場合は、テラスをさするという手慰みをしてはいるが、先の例の子どものように、手持ち無沙汰な状態を紛らわしているわけではないだろう。意識がまどろんでいるため、手持ち無沙汰であることや退屈であることさえ感じていないのではないか。そのため、この時の彼女は、手慰みはしていたが、このことによって自己が触発されることで退屈さが紛らわされているわけではない、といえる。

続いて、事例の前半で、チエミちゃんに連れられた時から再びテラスに戻ってきた時までのサクラちゃんのあり方を探ろう。チエミちゃんに連れられて砂場に着いた時のサクラちゃんは、小さくジャンプをしていた。1で明らかにしたように、この時のジャンプの場合は、退屈さを紛らわせてくれる身体運動によって受動的に自己触発が生じていた、とみなせる。テラスに座って、テラスを右手でさすっていた時とは異なり、この時の彼女は、退屈さを感じていたであろう。そして、こうしたあり方をしていたサクラちゃんにとっては、チエミちゃんに砂場に連れて行かれ、身体を動かされたことによって、まどろんでいた意識がいく分かはっきりしたことにより、それまでは自覚されることのなかった手持ち無沙汰な状態であることが際立ってきて、退屈さを感じるようになったのであろう。しかし、チエミちゃんに連れて行かれた時のサクラちゃんは、手をつないで歩くことによって少しは意識が機能し始めたかもしれないが、そのことによって何かに能動的に働きかけようとするほどには、鮮明な意識とはなっていなかったであろう。

事例の後半で、保育者と鉄棒で遊んだ時のサクラちゃんは、保育者にほほを触れられた時に笑っていた様子からすると、意識がかなり鮮明となっていた、と考えられる。保育者との身体的な触れ合いがあったことで、それまではまどろんでいた意識が鮮明になったのではないだろうか。

さらにその後で砂場の方へと走ったり、砂場の傍でジャンプしたりした時の自己触発は、手持ち無沙汰を紛らわせてくれる身体運動によって受動的に生じるものではなく、心地良さを味わうことを可能にしてくれるものであった、と考えられる。つまり彼女は、能動的に身体を動かすことによって自己が触発され、このことに伴う心地良さを味わっていたのであろう。

以上で述べたように、事例の前半のサクラちゃんは、意識がまどろんだ状態であったが、事例の後半の彼女は、自己触発に伴う心地良さを味わっていた。一般的に、子どもは熱があったり、寝不足であったりすると、ぼんやりとした表情をする。特に年齢が低いと、その時の身体の状態によって意識のあり方が影響される、ということがしばしばある。時には、給食で苦手な食べ物が出ただけで、意識が機能しなくなってしまい、ぼんやりとし、身体が動かなくなるようなこともある。このように、その時々の身体の状態によっては、意識がまどろんでいる、ということが幼児にはよくある。そのため、保育者はこのような子どもに対して、意識が活発になっていないことを特別気にかける必要はないかもしれない。

しかし、この事例でのサクラちゃんの場合には、身体の状態がここで述べたような仕方で意識に影響を与えているわけではないであろう。この事例の保育者のように、意識がまどろんでいる状態を気にかけて彼女と関わることで、サクラちゃんは、自己触発に伴う心地良さを感じられるほど意識が鮮明になった、と考えられるのではないだろうか。

以上、本節では、二種類の自己触発を区別したことによって、自己触発が生じている時の子どものあり方を、これら二種類の自己触発のあり方に応じて、解明することができた。特に、意識がまどろんでいる時の子どものあり方を明らかにすると同時に、こうしたあり方から意識が活発に機能しているあり方への変化を探ることができた。

続いて第4節では、本節で明らかになった退屈さを紛らわせるために行なう身体運動に伴う自己触発が生じている時の子どものあり方を、さらに触感覚と運動感覚に焦点を当てて探っていくことにする。また、このことによって自己触発がより自覚されやすくなることと、こうしたことが生じている時の子どものあり方について明らかにしたい。

第4節　触感覚と運動感覚による自己触発

前節では、二種類の自己触発の内実を明らかにしたが、本節では、その二種類のうちの、退屈さを紛らわせるために行なう身体運動に伴う自己触発についてさらに探っていくことにする。そして、視覚や聴覚の場合よりも触感覚や運動感覚に伴う自己触発の場合の方が自覚されやすい、ということを示し、そのうえで、こうした自己触発が生じている時の子どものあり方を明らかにしたい。

まず1では、触感覚の浸入と身体への感覚の局在化について、メルロ＝ポンティと現象学の創始者であるフッサールに依拠しつつ、明らかにしたい。このことを明らかにすることで、触感覚や運動感覚は他の感覚よりも自覚されやすいことを解明したい。そして2では、触感覚や運動感覚によって自己触発されている時の子どものあり方を探っていくことにする。

本節で取り挙げるのは、次の事例である。

【色水作り】〔年中・20×1年4月19日・晴れ〕

マユちゃんは、水と花びらが入ったビニール袋を手に持って、園庭の手洗い場にいる。ビニール袋の口は開いたままである。手洗い場には、他のクラスの保育者が一人と他の子どもが四人いる。マユちゃんは、その保育者の斜め後ろに立っている。保育者は、子どもたちが持っているビニール袋に水を入れたり、ビニール袋の口を縛ったりしている。

保育者は、マユちゃんのビニール袋の口が開いていることに気づくと、マユちゃんからビニール袋を受け取り、ビニール袋の口を縛る。マユちゃんは、保育者にビニール袋の口を縛ってもらうと、ビニール袋を受け取る。彼女は、ぼんやりとした表情をしながら、右手にビニール袋を持ち、右腕を伸ばした状態でブラブラとさせる。右腕をブラブラとさせながら、数歩前に進む。その場に止まり、ビニール袋を両手で持つ。そして、右手でビニール袋を持ち、上下に振る。マユちゃんは、ビニール袋の方に視線を向ける時もあれば、他の方に向ける時もある。その後、右手でビニール袋を持ち、それを上下に振りながら、左手をビニール袋の下に当て、左の手のひらでビニール袋をポンポンと叩く。その間、彼女はビニール袋の方に視線を向けている。

ビニール袋をポンポンと叩きながら袋の中の様子を少しのあいだ見ると、視線を他の方へ向けて、歩き始める。歩きながらも、ビニール袋を左手でポンポンと叩いている。目の前で保育者と子どもが話していることに気づくと、そちらの方へ近寄る。ビニール袋をポンポンと叩くことを止める。他のクラスの保育者は、他の子どもがセーターを脱ぐのを手伝っている。マユちゃんは、その様子を見ている。その子どもがセーターを脱ぎ終えると、マユちゃんは、再びビニール袋の下に左手を当て、ポンポンと叩き始める。そして、ビニール袋をポンポンと叩きながらテラスの方へ歩く。テラスに座っている見学者に手に持っているビニール袋を見せる。その後、職員室の入り口の前に立ち、ビニール袋の先を持ってクルクルとねじったり、両手でビニール袋を持って上下に振ったりする。職員室から少し離れ、テラスから降りると、その場に立ち止まる。ぼんやりとした表情をしながら、左手でビニール袋をポンポンと叩く。マユちゃんは、担任保育者の方へ歩く。保育者は、マユちゃんに気づくと、言葉をかけ、マユちゃんの頭をポン、と優しく叩く。マユちゃんは、ビニール袋をポンポンと叩きながら、フラフラと歩く。

マユちゃんが、手に持っていたビニール袋の口を縛ってもらった後、テラスから降り、右手にビニール袋を持ち、右腕を伸ばした状態でブラブラとさせている時にも、自己触発が生じていたはずである。本章第3節で詳しく探ったように、自己触発とは、何らかの活動をしたり、身体を動かすことによって、自分自身が触発されて、その結果退屈さを紛らわされたり、あるいは、心地良さが感じられている時に受動的に常に生じている意識の内的状態のことである。この事例におけるマユちゃんは、右腕をブラブラさせる際にぼんやりとした表情をしていることからすると、この活動に楽しさを感じているのではない。この時の彼女には、退屈さが紛らわされることになる自己触発が生じていたと思われる。すなわち、右腕をブラブラとさせることで生じる運動感覚に触発されることで、退屈さが紛らわされているのである。

その後、マユちゃんは、持っているビニール袋を上下に振ったり、手のひらでポンポンと叩いたりする。その時、彼女はビニール袋の方に視線を向けている。このように、同じような身体運動をしばらくのあいだ続けていたことからすれば、この時の彼女にも自己触発が生じていたはずである。しかし、この時の自己触発は、退屈さが紛らわされることにつながるものではなく、触発されていることが自覚されることによって楽しさを感じることにつながるような自己触発なのではないだろうか。というのは、この時の彼女は、ビニール袋の方に視線を向けており、ビニール袋の中の様子に意識を向けているため、退屈さはそれほどないように感じられるからである。それゆえ、ビニール袋を上下に振ったり、ポンポンと叩いたりすることで生じる運動感覚や触感覚によって自己が刺激され、触発されている状態に楽しさを感じているのであろう。

しかも、そもそも自己触発が自覚されやすいのは、聴覚や視覚よりも、触感覚や運動感覚が伴う場合である。というのは、他の感覚と比べ、触感覚や運動感覚は、自分の身体感覚として自覚されやすいからである。そこで、このことに関して、メルロ－ポンティやフッサールと共に探っておくことにする。

1　触感覚と運動感覚の局在化

ここでは、触感覚や運動感覚によって生じる自己触発は他の感覚よりも自覚されやすいことを明らかにしたい。そのためにまずは、触れられる物と触れる者とのあいだで生じる感覚の浸入について探っていくことにする。さらに、物に触れた部分に触感覚が局在化することについて明らかにしたい。

触感覚が自身の身体感覚として自覚されやすいことを明らかにするために、まずは触れられる物と触れる者との関係を探っていく。この関係が典型的となるのは、いわゆる二重感覚が生じている時である。左手の甲を右の手のひらで触れた時、左手の甲や右の手のひらは、「感じられる物であり、また感じる者であるという二重の意味で、感覚的なもの」(Merleau-Ponty, 1964, p.313/ ３８２頁)が生じている場となっている。たしかに、そもそも右手で身体以外のある物に触っている時は、右手は物を感じる身体となっている。しかし、二重感覚においては、右の手のひらが触っている左手の甲も、右の手のひらに触れられながら、同時にまた、右の手のひらに触れている。そのため、この時には、右の手のひらも左手の甲のいずれも、触れる者であると同時に触れられる物となっているのである。

以上で述べたように、自分の身体の一部でもって身体のある部分に触れる時には、触れている身体と触れられている身体とが共に触感覚が生じている身体の部位となっている。そのため、メルロ－ポンティのいうように、私の身体は、「感覚的〔に捉えられるよう〕な物の一つでありながらも、そこにおいて他のすべての刻み込みが行なわれる〔感覚する〕者でもある」(ibid.／同所)ということになる。

しかも、私の身体がこうした場所であることは、なにも自分の身体の一部でもって身体の他の一部に触れる時にだけではなく、身体以外の物に触れる場合にも生じている、ということに着目したい。というのは、この時に生じていることをメルロ－ポンティは次のように記述しているからである。すなわち、私の身体とそれによって触れられる物とのあいだでは、「触れられる存在の触れる存在への、さらには触れる存在の触れられる存在への浸入」(ibid.／同所)が生じている。たとえば、右手で冷たい机に触った時、右手は机の冷たさを感知する。するとこの時の右手は、机の冷たさにいわば入り込むことで、メルロ－ポンティの言葉を使えば、机の冷たさに浸入することで、机の冷たさを感じていると同時に、机の冷たさが右手の中に入り込むことになる。このようにして、触覚の場合には、触れる者と触れられる物とが互いに浸入し合うがゆえに、メルロ－ポンティのいうように、「触れられる物と触れる者との循環」(ibid., p.188／同書１９８頁)が生じているのである。

他方、視覚や聴覚の場合には、知覚している身体の部位と知覚されている物とのあいだでのこうした浸入し合う循環がほとんど生じえない。というのは、たとえば目で赤い物を見ても、目が赤色になるわけではないし、赤い物が目に浸入することはないからである。あるいは、何か音を聞いた際、それが鼓膜を痛めるようなかなり大きな音でなければ、その音が耳の中に入り込んで耳の中でその音に対応した音が鳴り響くわけでもない。

では、触覚において、メルロ－ポンティのいうような触れる者と触れられる物とのあいだでの浸入のし合いや循環が生じている時の身体の状態は、どのようにして自分自身に自覚されているのだろうか。このことを明らかにするために、メルロ－ポンティとは逆に、触れられる物の側からの記述がなされているフッサールにおける触感覚と運動感覚についての捉え方を追ってみたい。

物が身体のある部分に触れた時には、その部分に触感覚の「局在化」（Husserl, 1952, S.145／１７２頁）が生じる。たとえば、私が外を歩いている時、樹の葉からしずくが垂れ、頭皮に落ちたとしよう。この時、私の頭皮はしずくの冷たさを感じるだろう。歩いている時は頭皮には何も触れていなかったため、触感覚は生じていなかった。しかし、頭皮にしずくが落ち、しずくに触れたことによって、頭皮のその部分に触感覚が生じたことにより、私はしずくの冷たさを感じることができる。そして、頭皮に落ちたしずくが乾くと、頭皮の触感覚は再び感じられなくなる。このようにして、触覚の場合は、何かが身体の一部に触れている時には、触れている当の身体の部分に触感覚が生じる。そして、こうした仕方で身体のある部分に触感覚が生じることを、先ほど引用したように、フッサールは、触感覚が局在化される、と呼んでいるのである。

他方、視覚や聴覚の場合は、見られている物や聞かれている音のこうした局在化は生じにくいだろう。たとえば、視覚の場合、赤い物を見たことによって、目が赤くなり、その部分に何らかの視覚刺激が局在化されるわけではない。たしかに、たとえば強い光が目に差し込んできた時には、目が痛いと感じるかもしれないが、その時には、目を開けられなくなってしまうため、目は視覚としての機能を果たせなくなってしまう。先ほど述べたように、聴覚においても同様である。

他方、触感覚の場合と同様、運動感覚の場合にも、局在化が生じやすい。というのは、フッサールのいうように、「手が動いても何物にも触れていなくても、私は運動感覚を感じるが、その際には〔筋肉の〕緊張感覚や触感覚と一緒に〔その運動感覚を〕感じることもあり、それらは動いている手に局在化されている」(a.a.O., S.151/同書179頁)、ということが生じているからである。たとえば、膝の曲げ伸ばしを繰り返すとしよう。膝を動かす前までは、膝には運動感覚は生じておらず、動かしている、という意識はなかったはずである。しかし、膝の曲げ伸ばしを始めると、膝に運動感覚が生じ、膝が動いている、という意識をもつようになる。そして、膝の曲げ伸ばしを止めると、膝の運動感覚は再びなくなり、膝が動いている、という意識はなくなるだろう。

先に述べたように、視覚や聴覚の場合には感覚が身体のある部分に局在化されることがないのに対して、触覚においては自分の身体がどのような状態であるのかを触感覚を介して自覚することができる。それゆえ、まさにフッサールのいうように、「身体が自分自身を身体として構成できるのは、根源的には触覚と、そして触感覚と共に局在化されている暖かさや冷たさや痛みなどの、あらゆる感覚によってのみである」(a.a.O., S.150/同書178頁)。さらにまた、先に述べたように、自分自身の身体についてのこうした意識にとっては、「運動感覚も……一つの重要な役割を果たしている」(a.a.O., S.150f./同所)。

つまり、身体のどこかで何らかの刺激を受け、そこに触感覚や運動感覚といった感覚が局在化されることによって、そうした感覚が生じているのは自身の身体である、と自覚することができる。そのため、触覚や運動感覚の場合は、視覚や聴覚の場合よりも自分の身体に局在化されている感覚によって自己触発されていることがかなり強く自覚されやすい。フッサールは、触覚や運動感覚によって局在化されている感覚を、この感覚によって自分自身へとあたかも振り返されるかのようであるがゆえに、「再帰的感覚」(a.a.O., S.146/ 同書 173頁)と呼んでいる。この言葉は、自己触発が身体の感覚を通して自分自身に意識されることを如実に示している。

以上1では、触感覚が浸入することと、局在化されることを明らかにすることができた。そのことによって、自身の身体で生じていることについては、触感覚や運動感覚の場合の方が他の感覚の場合よりも自覚されやすいことが明らかとなった。そこで次の2では、自分の身体で生じていることが自覚されているのか、あるいは身体運動によって外界の出来事を探索しているかの違いに着目することによって、本節の事例における子どものあり方を探ることにしたい。

2　探索行動と自己触発

ここでは、水の入ったビニール袋と関わっている時の子どものあり方を、探索行動と自己触発という観点から探っていく。そのために、本章第3節で明らかにした、二種類の自己触発の内実をふまえたうえで、自己触発が生じている時の子どもの意識のあり方を明らかにしたい。

本節の事例におけるマユちゃんは、ビニール袋を上下に振ったり、ポンポンと叩いたりすることによって生じる運動感覚や、ビニール袋の中の水が振動することで生じる触感覚を通して、フッサールがいうところの再帰的感覚を感知しているのであろう。しかし、このような場合、自己が触発されることによって楽しくなり、気持ちが次第に昂まるということがしばしば生じるはずであるが、マユちゃんの場合には、表情が軽やかになったり、活動がより活き活きとなったりすることがなかった。そのため、彼女は自己触発によって得られる心地良さを楽しんでいる、とは考えられないだろう。この時の自己触発は、楽しむことに通じるような自己触発ではなく、退屈さを紛らわしてくれるという要素がいく分かは含まれていたのかもしれない。

また、ビニール袋を上下に振ったり、ポンポンと叩いたりしている時、マユちゃんが、ビニール袋の中の様子に視線を向けているのは、ビニール袋を動かすことでビニール袋の中の水が動く様子に意識を向けているからではないか、と思われるかもしれない。そうであるならば、彼女は、「ビニール袋を上下に振ると中の水はどうなるのだろう」、「ビニール袋をポンポンと叩くとどうなるのだろう」というような想いをもって、ビニール袋の中の様子を探索していることになる。しかしマユちゃんは、ビニール袋を上下に振ったり、ポンポンと叩いたりする時に生じる変化をあまり感じられなかったようである。

ビニール袋の中には、水とともに、小さな花びらも入っていたが、花びらは小さく、薄い色であるため、水が色に染まるわけではない。探索行動では、探索をしている子ども自身が探索の対象に何らかの変化を見つけられないと、探索を楽しむことは難しいだろう。また、この時の彼女は、ビニール袋の中の様子に意識を向けていたが、その後はそれほど意識を向けていない。これらのことをふまえると、ビニール袋の中の様子に意識を向けていた時は、ビニール袋の中の変化を探索しようとしていたのかもしれない。しかし、変化をさほど見つけることができなかったため、探索行動が続かなかったのではないか、と考えられる。

他の子どもがセーターを保育者に脱がしてもらっている様子を見た後も、マユちゃんは、ビニール袋をポンポンと叩いている。この活動においても、自己触発が生じていたはずである。しかも、この時の自己触発においては、自己が触発されることの楽しさも感じられていた、と考えられる。ポンポンと叩くことで生じる運動感覚や触感覚によって自己が触発されると、触発自体がより強く自覚されるために、このことに楽しさを感じていたのではないだろうか。しかし、この時も自己触発によって表情が活き活きとするわけではなく、楽しさを堪能しているとまではいえないであろう。そのため、触発されていることの楽しさをいく分かは感じるとともに、退屈さがいく分かは紛らわされているのかもしれない。そうだとするならば、この時に彼女に生じている自己触発は、第3節で明らかにしたような二種類の自己触発の、いわば中間的な自己触発ではないだろうか。この時のマユちゃんは、自己触発されていることの楽しさをいく分かは感じていたとしても、彼女の意識が鮮明に機能していたとはいえないだろう。

マユちゃんが職員室から離れ、テラスから降り、その場で立ち止まってビニール袋をポンポンと叩いている際も、自己触発が生じていたはずである。しかし、この時の彼女は、ぼんやりとした表情をしている。そのため、この時の自己触発は、退屈さを紛らわすために行なう身体運動に伴う自己触発となっていたのではないだろうか。

以上2では、二種類の自己触発という観点から子どもの意識のあり方を明らかにした。本節では、感覚の浸入や局在化についても明らかにし、触感覚や運動感覚によって自己触発されていることがより強く自覚されるということが導かれた。その結果、この事例における子どもがこれらの感覚によって自己触発されている時のあり方が解明された。

ここまでは、子どもの意識がまどろんでいる時のあり方を事例に基づき探ってきた。その結果、意識がまどろんでいるかいないかについては、自己触発のあり方がかなり密接に関わっている、ということが明らかになった。しかし、本節では、二種類の自己触発のいずれかに決めかねるようなあり方が示された。そこで次節では、自己触発とは異なる観点から、意識がまどろんでいる時の子どものあり方を捉えるために、視覚や聴覚において主題的に知覚されている物とその背景の現われ方に着目することにしたい。

第５節　ファントムと時間客観

ここでは、まどろんでいる時の意識のあり方を、知覚における主題的対象とその背景によって構成されるところの、知覚野の現われ方に着目して捉えることにしたい。主題的対象はある時間の流れの中で捉えられているがゆえに、フッサールのいう時間客観はその背景とは異なって現われている。本節では、クレスゲスによってファントムと呼ばれている背景の現われについての記述に依拠しながら、フッサール現象学を空間論の観点から捉え直したい。そうすることにより、意識がまどろんでいる時の子どものあり方を探っていくことにする。

人間は五感を使って何かを捉えている時、一見すると、五感によって捉えられるものをそっくりそのまま正確に捉えているように思われるが、実際には聞こえていない音を聞いていたり、見えている物を見えていない物としていたり、といったことが起きている。そこで本節では、まず、五感による知覚の特質について明らかにしたい。そのうえで、五感によって何らかの刺激は受けていても、そのことに意識が向けられていなければ、その時に捉えられているものは主題化されず、いわゆる「まぼろし〔＝幻〕」のようなもの、クレスゲスの術語を使えばファントムとなり、実際には鳴り響いていても聞こえなかったり、光学的な色彩としては目に入っていても見えていなかったりする、ということを示したい。そのうえで、聴覚的にも視覚的にも知覚野がファントムとなっている時の子どものあり方と、それまではファントムとなっていたものが主題化された時の子どものあり方を探っていくことにする。

まず1では、視覚におけるファントムについて探り、被視物とされている対象とは、意識によって明確に主題化されている物のことである、ということを明らかにしたい。2では、言葉は、ある時間の流れの幅の中で延び広げられて現われているため、フッサールによって時間客観と呼ばれていることを指摘し、聴覚におけるファントムと時間客観の内実について解明したい。3では、触感覚がファントムとなっている時の身体の状態を明らかにしたい。そのうえで、意識がまどろんでいる時の子どものあり方と、意識にとって視覚や聴覚や触感覚の対象が主題化されている時の子どものあり方とを、ファントムや時間客観の観点に基づいて探っていくことにする。

本節では、次の事例を取り挙げる。

【イカの足へのシール貼り】〔年少・20×0年6月29日・晴れ〕

紙で作ったイカの足に丸いシールを貼る場面である。サクラちゃんは、ぼんやりとした表情をしながら、シールを貼る。貼り終えると、机の中央に置いてあるシールの入った入れ物からシールを取る。取ったシールを左手の人差し指に付ける。彼女は、シールを左手の指に付けた状態のまま、右手で頭や鼻をかいたり、シールの付いた指で右手の手のひらを叩いたりする。しばらくのあいだその状態が続く。この時の彼女は、まどろんだ表情をしている。

サクラちゃんの右側には、男の子が座っている。その男の子は、机の中央に置いてあるシールの入れ物を自分の近くに持ってきて、シールを選んでいる。シールを選び終えると、シールの入った入れ物を机の中央に戻す。サクラちゃんは、シールの入れ物が机の中央に戻るのが視界に入ると、シールを取ろうとする。その時、左手の人差し指にシールが付いていたことに気づき、そのシールを右手の人差し指に付けてから、左手で他のシールを取る。シールを取ると、もともと持っていた方のシールをイカの足に貼る。シールを貼り終えると、他のことをすることなく、後から取った方のシールを貼る。シールを貼るとすぐに、手許から視線をずらし、斜め左後ろにいる保育者の方に視線を向ける。少しのあいだ保育者の方を見ると、再び前を向き、入れ物から出ているシールを取り、イカの足に貼る。

この時、彼女は、シールを貼っても、視線は手許からずらさず、いったん貼ったシールをはがしてシールの位置を微調整する。シールの微調整を終えると、彼女は、シールを貼ることを止め、まどろんだ表情をする。意識が半分ないような表情をしている。保育者が近くに来ると、サクラちゃんは自分の作ったイカを持ち上げる。保育者が離れると、サクラちゃんはイカを机の上に置き、再びまどろんだ表情をする。彼女は、しばらくのあいだ何もしない。しばらくすると、保育者がサクラちゃんの傍に行き、彼女の頭をトンと触りながら、「サクラちゃんいっぱいシール貼っていいよ」と言う。するとサクラちゃんの表情は、意識が半分ないような表情から、意識がはっきりとした表情へと変わる。そして、シールの入った入れ物を自分の方に近づけ、その中からシールを選んで取り、それをイカの足に貼る。

サクラちゃんが一枚目のシールを貼っている場面からは、彼女は自分の周りをキョロキョロと見ている、と捉えられるかもしれない。しかし彼女は、周りをキョロキョロと見ているというよりも、ただ何となくぼんやりとしているのではないだろうか。というのは、何か目的があってどこかを見ているのではなく、目のやり場がないままに、視線をただ動かしているように感じられるからである。彼女の視線は、おそらく焦点が定まっていないのではないだろうか。そのため、何を行なえばよいのか、という目的がないままに、ただぼんやりとしているように感じられる。

こうした彼女の様子からすると、サクラちゃんには、視覚や聴覚の方向が定まっていない状態がたびたび起きているのではないか、と考えられる。たとえば、一枚目のシールを貼っている時も、目の焦点が定まらないため、ただぼんやりと目を開けているだけのように感じられる。そして、シールの入った入れ物が目の前に来た時に、彼女は初めてそこに視線の焦点を当てたのではないのだろうか。

そもそも視覚の場合には、おとなでも子どもでも、焦点の定まらないようなことはそれほど明確には起こらない。他方、聴覚の場合は、視覚の場合と比べると、聴覚の焦点の定まらないようなことが、当人には気づかれないまま、しばしば起こりやすい。たとえば、何らかの音を集中して聞いている時には、周りの音が全く気にならない。より正確に述べれば、そうした音は全く意識されていない状態になっている、といえる。それゆえ、そうした音は、実際には自分の周りで鳴り響いているにもかかわらず、当人には聞こえていない、ということになる。他方、何らかの音が聞こえている時には、その音は、どこから聞こえてくるか、というような方向性がそなわった音として明確に意識されている。しかし、注意して聞いている音以外の音が、たとえ物理的には周りの空間で鳴り響いていても、そうした音には方向が感じられない。それゆえ、そうした音は注意して聞いている音の背景となっているだけでしかない。

以上は聴覚の場合であるが、これと似たようなことが、サクラちゃんの視覚でも起きているのではないか。たとえば一般的には、ぼんやりとした意識の状態であくびをしているような時には、上で述べた聴覚の場合と同様のことが視覚においても起きており、視線の方向が定まっていないことがある。光学的な色彩としては目に入ってはいるものの、そうした色彩には焦点が当てられていない。この事例におけるサクラちゃんの場合は、通常はこうした特別な時にしか起こらないようなことが、以下で詳しく探るように、しばしば起こっているのではないか。

そこで、視覚においてもサクラちゃんがこうしたあり方をしていることを明らかにするために、まずは、意識の焦点が当てられていないままに視覚野や聴覚野を満たしているだけの色彩や音響についての現象学における捉え方について、フッサールやクレスゲスに依拠して探っておくことにしたい。

1 視像ファントム

ここでは、視覚野の背景となっているだけの視像ファントムと、主題的に捉えられているところの時間客観について解明していくことにする。何らかの対象を見ている時、視覚野は意識が直接向かっている主題的対象とそれを取り巻く背景とからなる。しかも、主題的対象と背景は異なった仕方で意識に与えられている。つまり、主題的対象は意識によって最も明確に捉えられている。というのは、たとえばその対象の大きさやさまざまな色の微妙なニュアンスの違いや、その対象と私との空間的な距離や、その対象がどのくらいの奥行きをそなえているか、等々が明確に意識されているからである。それゆえこうした仕方で明確に意識されている対象は、まさに主題的対象と呼ぶにふさわしいあり方をしている。しかし、主題化されている対象はそれだけで知覚されているわけではない。というのは、その対象は周りのさまざまな物や人物や風景等から際立って捉えられているからである。こうしたことから、主題的対象を取り巻いているさまざまなものは、主題的対象の背景となっている、ということができる。

このような仕方で際立って捉えられているがゆえに、主題的対象は、私からの距離をもってどのような奥行きをそなえているか、ということが明確になって現われてくる。こうした対象は、奥行きとしての空間的な距離をもって現われてくるだけではなく、厚みをそなえた物体としても知覚されることになる。しかし、以上の仕方で知覚されている主題的対象の背景がもしも同時に知覚されていなければ、主題化されているものは、いわば宙に浮いた浮遊物か、周りの背景に溶け込むことのない、いわば異物のように現われてくるしかなくなるであろう。それゆえ、ある物体が本当に存在するものとして知覚されている時には、この物体は、背景としての視覚野の中から際立ってくることになる。このように、主題化された対象の周りが背景となることで、当の対象の色や距離や奥行き等々がより際立ち、この対象が視野の中で浮き上がり、このことによって、この対象を明確に、しかも細部にわたって詳細に知覚することができるのである。

以上で記述したような主題的対象と背景の現われとの違いは、両者が入れ替わる場合に顕著になる。たとえば、私の目の前に長方形のテーブルがあり、そのテーブルを上述したような仕方で、主題的対象とする。また、このテーブルの横に椅子があったとしよう。この時には、椅子も主題化されているテーブルと同様に視野に入ってはいても、テーブルと同じようには知覚されていない。テーブルが主題化されている時には、私との距離やテーブルの奥行きやテーブルと他のものとの境目までもがはっきりと知覚されている。他方、椅子は、テーブルのようにははっきりと知覚されておらず、私との距離や奥行きや他のものとの境目は、曖昧なままである。ところが今度は、椅子を主題的対象とすると、先ほどまでは私からの距離や奥行きが捉えられていたテーブルは、もはやそのようには知覚されておらず、新たに主題化されている椅子を取り囲んでいる周りの背景の中の一つとして知覚されることになる。そのつど何を主題化するかにより、主題化された対象とそうでないものは、私にとって異なる現われ方をしているのである。

主題化されている対象を取り囲むような仕方でその対象を際立たせている背景の現われ方を、クレスゲスはフッサールに依拠しながら、「視像ファントム」（Claesges, 1964, S.95）と呼んでいる。そして、先ほど述べたように、聴覚においても、注意して聞いている音とその音の背景となっているだけでしかない音の場合にも同様のことがいえ、クレスゲスは、聴覚の場合に背景として鳴り響いているだけの音の現われ方を「音響的空間ファントム」（a.a.O., S.42）と呼んでいる。

では、以上で述べたようなファントムを背景としてそこから際立ってくる主題的対象は、意識にとってどのように捉えられているのだろうか。次の2ではこのことを、聴覚野を例として明らかにしたい。

2　音響的空間ファントムと時間客観

ここでは、聴覚野においてファントムとして現われている音と主題的に聞かれている音の現われについて探っていく。私たちは、ある連続した音を聞いている時、今この音を聞いている、と感じるだろう。しかし、以下で明らかになるように、実際には、今の瞬間に本当に聞こえている音だけを聞いているわけではなく、その音を聞く前に聞こえた音やこれから聞くであろう音を同時にひとまとめにしながら、連続した音を今聞いているのである。このようにして、主題的に聞かれている音はある時間の幅の中で捉えられている、ということを以下で明らかにしたい。そのうえで、聴覚野において主題的に聴かれている音を際立たせているところの、音響的空間ファントムの現われ方を解明したい。

まずは『さくら さくら』という歌を聞いている時を例に挙げながら、主題的に聞かれている一連の音の場合について明らかにしたい。「さくら さくら」という歌詞が流れている際に、たとえばさくらの「く」の音を現実に聞いている瞬間には、「さ」の音は、実際にはたった今聞いていた音として過去へと過ぎ去っているはずなのに、過去の音とはならず、今聞いている音として現われている。「ら」の音はいまだ実際には聞いていないにもかかわらず、「く」と同時に現われている音となっている。人によって一つのまとまりの幅は異なるが、たとえば、「さくら さくら」という言葉を一つのまとまりとして捉えられれば、一回目のさくらの「さ」を聞いた時から二回目のさくらの「ら」の音を聞くまでの一連の言葉は、今聞いているメロディーとして捉えられている。さくらの「く」をある今の瞬間に聞いている時は、「さ」は本当は今ではなく、たった今であった過去に聞いた音であるにもかかわらず、今聞いているつもりになっており、「ら」はいまだ聞いていないにもかかわらず、あたかも聞いているつもりになっているがゆえに、「さ」と「く」と「ら」が一つのまとまりのある言葉として捉えられていることになる。

「さ」と「く」と「ら」が本来は別々の瞬間に聞いているにもかかわらず、「さくら」というひとまとまりの言葉として聞くことができるのは、フッサールにならうと、「心的過程の順次的継起が直ちに一つの包括的な形成体へと結合される」(Husserl, 1966, S.21/ 31頁) からである。つまり、「さ」と「く」と「ら」を聞くと、それらの音が心の中ですぐに一つの像へと統合されるのである。そして、こうした仕方で捉えられている対象が、主題化されている、と呼ばれるにふさわしいあり方をしていることになる。

このように、主題的対象が知覚されている時、その対象は、フッサールのいうように、ある時間の流れの幅の中で鳴っている音の「恒続」(a.a.O., S.23/ 同書 33頁)を伴って知覚されている。それゆえフッサールは、こうした主題的対象の現われ方を際立たせるために、こうした現われ方をしている主題的対象を「時間客観」(ebd./ 同所)、と呼んでいる。

他方、日常的体験においてもしばしば生じていることだが、先の例に挙げた「さくら さくら」という言葉を時間客観として知覚している際にも、たとえばエアコンの音や屋外で走っている自動車の音など、意識の注意をひきつけることのないさまざまな音が聴覚野に鳴り響いているはずである。しかし、「さくら さくら」という言葉を主題的に知覚している時には、意識によって注意されることなく鳴り響いているこうしたさまざまな音は、あたかも耳に入ってこない、あるいは主題化されている言葉を聞くことを妨げるような雑音として耳に入ってくるだけでしかない。つまり、こうした音は、視覚野でもそうであったのと同様、主題的に捉えられている時間客観の背景として鳴り響いているだけである。それゆえ、こうした音は、時間の流れの幅の中で捉えられているのではなく、物理的に与えられている瞬間にしか聞かれていないことになる。それゆえクレスゲスは、時間の流れの中で与えられることなく、そのつどの瞬間に鳴り響いている音としての現われを音響的空間ファントムと呼んだのであった。時間客観として捉えられている音と同時に鳴り響いているその他の雑多な音は、時間的に延び拡げられることのないたんなる音刺激として、つまり、クレスゲスの言葉を使えば音響的空間ファントムとして、現われてくるのである。

すなわち、主題化されている一連の言葉は、時間の流れの中のある幅の中で「それ自体のうちに時間的延長を含んでいる」(ebd./同所)言葉として、聞こえてくる。「さくら さくら」という言葉を聞いている場合で明らかにしたように、時間客観として現われてくる言葉の場合は、すでに過去に聞いた音と、今現在の瞬間に物理的に本当に聞いている音と、過去の経験から予測される次の音が時間のある流れの幅の中で同時に聞かれている。すなわち私たちは、今の瞬間には実際には物理的に与えられていない音をも今現在聞いているという仕方で一連の音を知覚することができるため、ある時間の流れの幅の中で与えられているひとまとまりの言葉を理解することができるのである。つまり私たちは、ある言葉を聞いている時、その言葉に含まれている一連の音を一音ずつ聞いているのではなく、ある程度の言葉のまとまりを一つの主題的対象として聞いているのである。その言葉を主題的に聞いている時、本当は過去に一瞬聞こえていた音や一瞬後の未来に聞くことになるためいまだ聞いていない音を、私たちは今聞いているかのように、いわば錯覚しているのである。

他方、主題的に与えられているところの時間客観として捉えられる音と同時に与えられる音響的空間ファントムは、それ自身のうちに時間的延長を含んでいる時間客観とは対照的に、時間的に延長することのないまま、そのつどの瞬間にのみ物理的に耳に聞こえているだけでしかないために、全く意識に残らず、結果としては聞こえなかった音として流れ去ってしまうか、時間客観として捉えられている音の現われを妨げるような仕方で自我に迫ってくることになる。

以上のことからすると、子どもの場合には、聴覚的にも視覚的にも、何らかの対象に注意して意識を向けていないと、何ものも主題的対象となることのないまま、ファントムに留まっている可能性がある、ということが導かれる。たしかに、たとえば、保育者が何らかの指示を言葉で伝えた時に、子どもにとってその言葉が時間客観となってさえいれば、子どもは保育者の話を聞くことができる。しかし、その音が音響的空間ファントムでしかなければ、音刺激としては子どもの耳に届いてはいるものの、保育者の発している一連の音をひとまとまりの言葉として聞くことができず、子どもは何を話されているのかが全くわからなくなってしまう。

サクラちゃんにも同様のことが起きている時があるのではないだろうか。イカのシールを貼るように保育者に言われても、彼女にとってその声は音響的空間ファントムでしかなければ、保育者が何を言っていたのかがわからない。しかし、保育者が彼女の頭をトンと触りながら「サクラちゃんいっぱいシール貼っていいよ」とサクラちゃんに直接声をかけたことで、保育者の言葉が初めて時間客観となり、彼女は保育者の言葉を意味内容をそなえた言葉として捉えられるようになった、と考えられる。

以上2では、時間客観となっている言葉は、ある時間の流れの幅の中で延び広げられた時間客観として知覚されているのに対し、音響的空間ファントムとなっている音は、時間客観として延び広げられることのないままに感覚されているだけでしかない、ということを明らかにすることができた。その結果、この事例の後半におけるサクラちゃんは、保育者の言葉を時間客観として捉えられていることが明らかとなった。

同様にして、本節の事例におけるサクラちゃんにとっては、触感覚においても、それがファントムとなっている時と時間客観となっている時との違いがある、と考えられる。そこで次の3では、彼女にとっての触感覚の現われについて探っていくことにする。

3　触感覚におけるファントムと時間客観

ここでは、触感覚におけるファントムと時間客観について探っていく。つまり、触感覚として刺激されているにもかかわらず、そのことに意識が向けられていないと、触感覚自体が自覚されていない、ということを明らかにしたい。

サクラちゃんが指にシールを貼っていたのは、目的をもって貼っているというよりも、たまたま指にシールが付いたため、それを貼っただけなのかもしれない。そうだとしたならば、サクラちゃんには、触覚に関してもファントムとしてしか感覚できない状態が時として起きている、と考えられるのではないだろうか。

ではそもそも、触覚的な感覚がファントムとしてしか自覚できない状態とはどのような状態だろうか。それは、以下のような状態のことであろう。たとえば、椅子に座りペンで文字を書いている時、ペンを握っている手には、何かを握っているという明確な身体感覚が自覚されているが、椅子に触れているお尻や床についている足の裏への触感覚はほとんど意識されていないだろう。しかし、そこへ意識を向けると、今度はお尻が椅子に接触している、という感覚を明確に自覚することができる。しかし、意識していない時は、身体のある部分がたとえ何かに接触していても、それに接触していると自覚することはないだろう。このようなことが生じている際に与えられているのが、まさにクレスゲスのいう「触覚的ファントム」（Claesges, 1964, S.91）である。

サクラちゃんの場合、指にシールが付いているが、それは触覚的ファントムの状態であるため、指にシールが付いているという自覚は彼女にはなかった、と考えられる。このように、さまざまな刺激をたとえ物理的には受けていても、それらがファントムであれば、その刺激は子どもにとってはないのと同じである。多くの場合、子どもは、そのような状態になると、退屈さを感じる。そのため、手慰みをしたり、隣の子どもにちょっかいをだしたりして、じっとしていることによって陥ってしまう退屈さを紛らわそうとする。しかし、子どもによっては、こうした退屈ささえも感じられないような場合が、つまり子どもの意識がまどろんでいることがあるのではないか。この事例におけるサクラちゃんも、そのような状態となっているのではないだろうか。そうしたまどろんでいる意識の状態のさなかに、シールの入れ物が彼女の視界に入ったり、あるいは先ほど述べたように、保育者が彼女に直接声をかけた。そして、こうしたことにより、シールの入れ物や保育者の言葉が彼女にとっての時間客観になると同時に、それらの時間客観によって彼女の意識が活き活きと機能するようになり、その場に応じた適切な活動をするようになったのではないだろうか。

以上のことをふまえると、この事例におけるサクラちゃんの場合には、何かが主題化されている状態と、ファントムになっている状態が交互に起きている、と考えられる。しかし、ファントムの状態は次第に短くなり、この事例の最後の場面では、彼女の活動も次第に活発になっていることが十分に窺えるようになった。

以上3では、触感覚におけるファントムと時間客観について解明することができた。視像ファントムや音響的空間ファントムや触覚的ファントム、時間客観の内実をこうして明らかにすることによって、意識がまどろんでいる時の子どもの意識のあり方を探ることができた。このことによって、本節の事例において視覚的にも聴覚的にも触感覚的にも、知覚野がファントムとして現われていることに応じて、意識がまどろんでいる時の子どものあり方と、ファントムでしかなかったものが時間客観となり、まどろんでいた意識が活発に機能しだした時の子どものあり方を解明することができた。

続いて次節では、保育者の言葉が時間客観として捉えられている時の子どものあり方を探るために、時間客観として知覚されている声にそなわっている志向性や、一対一の対話の内実について明らかにしたい。そのことによって、ここまでの節で取り挙げた子どもが、保育者からの呼びかけによって、それまではまどろんでいた意識の状態から活き活きとした意識の状態へと移行したことを、事例に即して明らかにしたい。

第6節　保育者の声の志向性と一対一の対話

本節では、まずは声の志向性や一対一の対話について明らかにしたい。そもそも誰かに向けて話をする時には、話す者の声には志向性がそなわっている。他方、話を聞く者は、たんに受動的に話を聞いている、と一般的には思われているだろう。しかし実際には、話を聞く者は、受動的な側面をもちながらも、能動的な側面ももっている。というのは、話をどのように聞くかは聞く者に委ねられているからである。そのため、たとえば他者の話を真剣に聞こうか、それともその話を拒否しようかは、聞く者が能動的に決定することができる。本節ではこれらのことを明らかにしたうえで、複数人の子どもたちに向けて話をする時の保育者の声や、保育者のそうした声を聞いている時の子どもたちのあり方を探っていくことにする。

まず1では、声の志向性について探る。そして、複数人の子どもに向けて話をしている時の保育者の声は、子ども一人ひとりに届くような声となっている、ということを明らかにしたい。このことに基づき、本章で主として取り挙げている子どもの意識が、保育者の呼びかけによって、未来へと意識を向けているようなあり方へと変化したことを解明したい。続いて2では、一対一の対話について探っていく。そのうえで、保育者の話を聞いている時の子どものあり方を明らかにしたい。このことを明らかにしたうえで、前節の事例で明らかにされた、聴覚野が音響的空間ファントムとなっている時の子どもと、本節の事例において、聴覚野が音響的空間ファントムとなっている時の子どもとでは、ファントムとなっている度合いが異なっている、ということを明らかにしたい。その結果、1で明らかにするところの、保育者の呼びかけによる子どものあり方の変化を、保育者の呼びかけに対するこの子どもの敏感なあり方という観点から、捉え直したい。そして3では、前節の事例の子どものあり方を再び引き合いに出しながら、本節の事例におけるその子どものあり方を自己触発と、身体の状態に対する身体自身の対応という観点から探っていくことにする。というのは、この事例の最後には、保育者の呼びかけが時間客観となったり、身体の活発な動きによって自己触発される、ということが生じていたからである。

本節では、次の事例を取り挙げる。

【石や落ち葉での遊び】〔年少・20×0年10月19日・晴れ〕

サクラちゃんは、砂場の横に立って、ぼんやりとした表情で砂場の方を見ている。しばらく砂場の方を見ていたが、その後、身体を園舎側に向け、他の子どもたちの様子を見ている。再び砂場の方に身体を向け、砂場の方を見る。その時、右肘をかいたり、腕をブラブラさせたり、身体の前や後ろで手を叩いたりする。砂場の方を少しのあいだ見ると、視線を地面に向ける。そして石を探し始める。石を見つけると、その場にしゃがみ、石を拾う。拾った石で、地面に文字のようなものを書く。書き終えると、近くにある落ち葉を拾う。拾った落ち葉を顔の近くに持っていき、落ち葉を見ると、その落ち葉を地面に捨てる。

その後、サクラちゃんは、しゃがんだままの状態でジャンプをし、位置を移動する。移動すると、ぼんやりとした表情で周りを見ながら、手のひらの上で石を転がす。石を手のひらの上で転がしていると、石が手のひらから出て地面に落ちる。すると、彼女は、視線を地面に落ちた石の方に向け、落ちたその石を拾う。拾った石で右足の横あたりの地面に丸のようなものを描き始める。その後、身体の前の地面に線を描く。その時、地面に落ちていた落ち葉が石に引っかかる。すると、サクラちゃんは落ち葉に気づき、その落ち葉を拾う。持っていた石を拾った落ち葉で包む。石を落ち葉で包み終えると、素早く立ち上がる。

立ち上がると、石を包んでいる落ち葉に触りながら、目の前にいる男の子をぼんやりとした表情で見る。目の前にいた男の子が移動する。サクラちゃんの目の前を男の子が通り過ぎると、サクラちゃんは、男の子を目で追い、再び手に持っている落ち葉に触る。おにぎりを握るような握り方で、落ち葉で包まれた石を握る。その後、何かに気づいたような表情をして、しゃがむ。しゃがむと、砂をつかみ、落ち葉で包まれた石にその砂をかける。このことを三回繰り返す。砂をかけ終えると、ゆっくりと立ち上がり、ぼんやりとした表情で周りを見る。手のひらの上に乗っている石に視線を向けると、おにぎりを握るような握り方でそれを握る。再びぼんやりとした表情をして周りを見る。

保育者が、「けやき〔仮名〕〔くみ〕さん、お片付けしよう」、と砂場にいる子どもたちに声をかける。サクラちゃんは、保育者の声が聞こえると、保育者の方に視線を向ける。再び、おにぎりを握るような感じで、石を握る。その場で身体を一度一回転させる。一回転した時、私〔＝筆者。以下同様〕と目を合わせる。その後、手許に視線を向ける。そして、再び私と目を合わせる。その時、少し和らいだ表情をする。サクラちゃんは、ベンチの傍に行き、ベンチの下に落ち葉で包んだ石を置く。そこから二、三歩離れ、少し離れた場所から先ほど置いた石を見る。再びベンチの傍に行き、置いた石を囲むようにして地面に指で円を描く。再びその場から二、三歩離れる。そして、またベンチの傍に行く。次は、置いた石の隣に円を描き、近くにある枝をその円の中に置き、その場から離れる。その後、嬉しそうな表情をしながら、手を叩いたり、飛び跳ねたり、身体を回したりする。

この事例の最後の部分で、サクラちゃんがベンチの下に石を置き、その石を囲むように地面に円を描いたのは、その石を誰にも触られないようにしたためだ、と考えられる。円を描くことによって、

「これは私のだ」、ということがわかるようにしたのだろう。そのため一見すると、この行為は、遊びの時間が終わり、片付けの時間へと切り替えるために自分で決着をつけるための行為ではないか、とも思われるかもしれない。しかしむしろ、未来において何をするかという意識が、すなわち、その石とどう関わるかという未来への意識が、彼女の中で生じているのではないだろうか。というのは、落ち葉で包んだ石は彼女にとっては未完成なままだとみなされており、そのため彼女には「後から完成させたい」という意識があるのではないか、と考えられるからである。「後から完成させせたい」という未来への意識が生じていたため、「他の子どもは触らないでね」、という願いを込めて、いわば自分だけの領域を設定するための境界を、地面に描かれた円でもって作ったのではないだろうか。石を置いたことを覚えていて、実際に未来において本当に何らかの想いを実現させるかどうかということにはかかわらず、未完成のものをベンチの下に置き、自分の痕跡をそこに残すことで、彼女はともかく意識を未来へと向けている、ということがいえるだろう。そのため彼女のこの行為は、遊びから片付けへの移行に向けての切り替えではなく、次に行なうことへのつながりのための痕跡を残すことになるのではないか、と考えられる。

これらのことをふまえると、ベンチの下に石を置く時のサクラちゃんは、それまでの彼女とは異なったあり方をしている、ということが考えられる。というのは、それまでは、次に取る行為をみとおしたような活動はしていなかったからである。そこで、彼女のあり方のこうした変化について、以下で詳しく探ってみたい。

1　声の志向性

ここでは、声には志向性がそなわっている、ということを明らかにしたい。そのうえで、保育者が複数人の子どもたちに話をしている時にも、子どもたちは保育者が自分一人に向けて話をしてくれていると感じている、ということを導きたい。

この際にまず注目したいのは、「けやき〔くみ〕さん、お片付けしよう」という保育者の呼びかけによって、サクラちゃんのあり方が変わったのではないだろうか、ということである。このように捉えられる第一の理由は、先ほど述べたように、未来への意識が彼女に生じるようになったことである。保育者が片付けを呼びかける前までは、サクラちゃんは落ち葉や石に触ってはいるものの、明確に意識してそのことを行なってはいないようであった。

そうであるならば、保育者による上述の呼びかけに対し、サクラちゃんは意識してこの言葉に耳を傾けたのだろうか、という問いが生じる。彼女は保育者の声が聞こえてきて、保育者の話の方に能動的に意識を向けたのではなく、それまでは何らかの対象を明確に意識していなかったために、ファントムでしかなかった彼女の聴覚野に保育者の声が彼女にとって時間客観として浮き彫りにされたのではないか、と考えられるからである。そして、まさにこのことによって、彼女の意識のあり方がそれまでとは一変した、と考えられる。ということは、彼女は保育者の声に対する敏感な感受性をそなえている、ということになるだろう。すなわち、他の子どもたちの声は音響的空間ファントムでしかなかったが、そのような聴覚野の中で、保育者の声だけが時間客観として彼女の意識の中で浮き彫りにされたのではないか。その結果、それまではぼんやりとしていた彼女の意識が一気に機能し始めたのだろう。さらにまた同時に、先ほど述べたような未来に対する意識も芽生えたことにより、少し和らいだ表情をしたり、嬉しそうな表情をしながら手を叩いたり、飛び跳ねたり、身体を回したり、といった仕方で、彼女のあり方が活発なあり方へと変化したのであろう。

さらに第二の理由としては、次のようなことが考えられる。

そもそも、「けやき〔くみ〕さん、お片付けしよう」という保育者の声は、サクラちゃんに直接呼びかけているわけではない。そうであるにもかかわらず、保育者の声は、上述したような仕方で、それまでのサクラちゃんの意識に対して決定的な違いを生み出した。サクラちゃんの身体の中に保育者の声が刻み込まれていて、「お片付けしよう」という言葉の意味を理解する以前に、保育者の声が聞こえると、その声が呼びかけとしての時間客観となり、彼女の意識のあり方がそれまでとは変わってしまったのだと思われる。保育者はクラスの子どもたち全員に向かって呼びかけているのであり、サクラちゃん一人に向けて呼びかけていなくても、この時のサクラちゃんは自分に向けて呼びかけているかのように保育者の声を聞いているのだろう。そうであるならば、サクラちゃんにとっては、保育者の呼びかけを介して保育者と一対一の対話をしていたことになる。そしてこのことが、保育者の呼びかけによってサクラちゃんのあり方が変わったとみなせる第二の理由である。

一般的にもいえることだが、そもそも声というものには志向性がそなわっている。人間が発する肉声はどこか一定の方向に向かっている。それゆえ、他者の話を聞いている者には、話し手は今誰に話しているのかが視覚的に捉えられるだけではなく、聴覚的にも捉えられている。目を閉じた状態で聞いていても、話し手は今どの方向に話をしているのか、ということがある程度わかることがある。他方、たとえば大学の講義の場合では、受講者全員に向けて話をしているため、学生たちは自分に向かって教員が話をしているとは感じられず、なかには眠くなってしまう学生もいる。他方、保育の現場では、保育者は子どもたちの前で話す時、子ども一人ひとりに届くような仕方で話をしているため、「先生は自分だけに向かって話をしてくれている」、と子どもたちは感じることになる。そのため、子どもたちは保育者の話に集中することができるのだろう。こうしたことからすると、声の志向性は、声の高さや音量によって生じるのではない。そうではなく、気持ちが子ども一人ひとりに向けられているかどうかという保育者の姿勢によって、子どもの集中力が異なってくるのである。

以上で明らかにしたように、保育の現場では、保育者が子ども集団に語りかけているように思われても、個々の子どもは、「自分だけに先生は語りかけてくれているのだ」といった感覚を抱いている。したがって、こうした感覚が聞く者に生じている場合の対話のあり方について探っておくことが求められる。というのも、こうしたことが対話をしている二人の人間のあいだで生じている際には、保育者が子ども集団に語りかけている場合とは異なり、特定の一人の人間と他のもう一人の人間とのあいだで対話が成立しているからである。それゆえ、こうした時に成立している対話を一対一の対話と呼ぶことができる。そこで、先の事例におけるサクラちゃんと保育者との対話について探る前に、以上で述べたような意味での一対一の対話について、次の2で探っておきたい。

2　一対一の対話

ここでは、一対一の対話の内実について探っていくことにする。一見すると、話す者と聞く者の関係は、聞く者が話す者に一方的に依拠するというような関係であると思われるだろう。しかし、話をどう聞くかという点では、話す者が聞く者に依拠しているため、実際には、話す者と聞く者はお互いに依拠し合っている関係となっている。話す者と聞く者とのこのような対等な関係をまずは明らかにしたい。そして本節で取り挙げた事例において、保育者の声を聞いている時の子どものあり方を探っていくことにする。

そもそも二人の人間が対話している時には、通常は、話し手が対話の成り行きを支配し、聞き手は話し手の話す内容に身を委ね、話し手に一方的に依拠しているだけだ、とみなされている。しかし話し手は、相手に何らかのことを伝えるという能動的な側面をもつとともに、相手が話の内容をどのように聞くかということは相手に任せるという受動的な側面ももっている。すなわち話し手は、現象学と対話哲学とを架橋することを試みているヴァルデンフェルスのいうように、自分が話す内容を聞き手がどのように捉えるかの「決定を下すことを他者に委ね」(Waldenfels, 1971, S.144/ 131頁) なければならない。たとえば、話し手が聞き手に質問をしているつもりでも、聞き手の受け取り方によっては質問として受け取られない場合もある。このような場合には、質問が質問として成り立たなくなる。そのため話し手は、自分の話が相手にどのように受け取られるかに関しては、聞き手に依拠する

ては相互に依拠し合っている、ということになる。

対話において以上のようなことが生じている時には、聞き手は、相手の話を聞くという受動的な側面をもつとともに、相手の話をどのように聞くかを自分で決められる、という能動的な側面ももっている。というのは、聞き手は、相手の話の内容をそのまま引き受けることも拒否することも、本来自由にできるからである。聞き手は、一見するとただ受動的に聞いているだけのように思われるが、話し手の話をどのように引き受けるのかは聞き手に委ねられている。そのため、話をする時だけではなく、話を聞く時も同様に、受動的でありながらも、能動的である、ということになる。

以上で述べたように、話し手も聞き手も、相互に依拠し合うことで、一対一の対話が成り立つことになる。それゆえ、話し手と聞き手とのあいだでこうしたことが生じている時には、能動性と受動性とは一体化されている。そしてこのことは、話し手が対話の内容について何らかの決定を下すことを聞き手に委ねている、ということを意味している。このことと同時に他方では、聞き手は、話し手から委ねられたことを自分の意志でもって自由に引き受けているのである。すると、両者のあいだでは、「委ねること」と「引き受けること」(ebd./同書 130頁)が同時に、それゆえ一体となって生起していることになる。

本節の事例においても、「けやき〔くみ〕さん、お片付けしよう」と呼びかけた保育者は、この呼びかけを能動的に行ないながらも、この呼びかけをどのように聞くかは子どもたちに委ねるような仕方で子どもたちに向かい合っていたため、多数の子どもたちへの呼びかけであっても、一対一の対話が成り立ったのであろう。そのため、保育者は、片付けることをクラス全員の子どもに呼びかけてはいても、一人ひとりの子どもは、「先生は自分だけに向けて話している」と感じることができたのだろう。しかも、この時の保育者は、サクラちゃんがいる方にではなく、砂場にいる子どもたちの方に向けて呼びかけていた。それでもサクラちゃんは保育者の声に気づき、その声に触発された。このことからも、この保育者の声には、ファントムとなっているサクラちゃんの聴覚野の中に時間客観として浮き彫りとなってくるほどの力がある、ということが明らかになる。

また、サクラちゃんは、彼女の聴覚野がファントムであっても、保育者の声に反応できるほどの敏感さをもっていた、と考えられる。本章第5節の事例におけるサクラちゃんは、「サクラちゃんいっぱいシール貼っていいよ」という言葉でもって保育者から直接声をかけられると、保育者の声に意識を向けられたが、その事例の約四か月後である本節の事例時のサクラちゃんは、直接声をかけられなくても、保育者の声がするだけで保育者の声に意識を向けられていた。このことからは、彼女のあり方に第5節の事例とは大きな変化が見られた、ということが窺えるだろう。

保育者が片付けを呼びかける前までは、たとえばぼんやりとした表情で周りを見ながら、手のひらで石を転がしていたり、目の前にいる男の子をぼんやりとした表情で見ているといったことから、こうした時のサクラちゃんの意識はまどろんでいた、といえる。それゆえ、この時の石や男の子は、彼女にとって視像ファントムとなっていたのであろう。しかし他方では、手のひらの上で転がしていた石が地面に落ちた時に、その石の方に視線を向けてその石を拾ったり、彼女の目の前を通り過ぎる男の子を目で追ったりしていた時には、石や男の子は彼女にとって時間客観となっていたはずである。

前者の石の場合には、それが地面に落ちる前までは触覚的ファントムでしかなかったが、地面に落ちたその石を拾う時には時間客観となったために、彼女はそれを手に取ることができた。するとこの時には、石という時間客観が受動的に彼女の意識の中で浮き彫りにされ、彼女は石によって触発されたことになる。この時の石は、それまでは視覚野を満たしているだけのファントムでしかなかったが、他の物とは異なり、彼女を触発するまでの時間客観となった。

保育者が呼びかけをするまでも、サクラちゃんには、知覚野がファントムとなったり、意識の中で浮き彫りになったりといったことが、短時間ではあるものの、何度か起きていたのではないか。そのため、彼女は視覚野と触覚野がファントムになってはいても、意識が完全にまどろんでいるわけではない、と考えられる。たまたま何かに触発されると、そちらの方に能動的に意識を向けることができるほどの敏感さが彼女にそなわっていたのではないだろうか。こうしたことから、第5節の事例におけるサクラちゃんは、ただ椅子に座り、何もすることなくまどろんだ表情でいたが、その時のサクラちゃんと本節の事例におけるサクラちゃんとではあり方が異なっている、ということがわかる。前者の事例の時のサクラちゃんとは異なり、この事例におけるサクラちゃんには、何かに触発されると能動的にそれと関わることができるほどの敏感さがそなわっている、と考えられるのである。

以上2では、ヴァルデンフェルスにおける対話の捉え方に基づき、保育者の話を聞いている時の子どものあり方を明らかにすることができた。さらに、本章で主に取り挙げているサクラちゃんは、本節の事例では保育者の呼びかけに意識を向けることができるほどの敏感さをそなえている、ということを探ることができた。

3　身体の状態に対応した身体活動

ここでは、自己触発が自覚されることによって生じる心地良さという観点から、本節で取り挙げた事例の後半における子どものあり方を探っていくことにする。さらに、意識が関与しないままに、身体がその時々の身体の状態に対応するかのように身体自体を制御することがあることを明らかにし、事例の前半における子どものあり方を解明したい。

ところで、本章第3節ですでに明らかにしたように、自己触発とは、自身の身体運動や感情の動きなどによって自分自身が触発されることであり、退屈さを紛らわしてくれたり、あるいは、自己触発に伴う心地良さを感じさせてくれたりする。本節の事例のサクラちゃんは、ベンチの下に石を置いた後、手を叩いたり、飛び跳ねたり、回ったりしている。そして、こうした身体運動においても、彼女は自己触発されているだろう。たしかに、これらの活動は、一般的には、達成感や満足感の現われであろう。しかもこの場合には、手持ち無沙汰を紛らわすために行なう身体運動によって生じる自己触発とは異なり、自己触発によって心地良い気持ちがより一層昂まっていくことになる。このことをふまえると、事例の後半におけるサクラちゃんは、自己触発されていることを自覚できるほど意識が活発になっていた、ということがわかる。

また、それまでにも、右肘をかいたり、腕をブラブラさせたり、身体の前後で手を叩いたり、手に持っている落ち葉に触ったりしているが、これらの活動においても自己触発が生じていたのではないか、とも思われるかもしれない。この時に自己触発が生じていたとすれば、この時の自己触発は、退屈さを紛らわすために行なう身体運動に伴う自己触発であろう。しかし、そうであるならば、これらの活動に伴う運動感覚野と触覚野がファントムになっていないだけではなく、意識がまどろんでいるわけでもない、ということになる。というのは、自己触発が生じている時には、自身が触発されていることがたとえ自覚されていないとしても、意識はそれなりには機能しているからである。また、退屈さを紛らわすために身体運動を行ない、それによって自己触発が生じている場合には、自身が退屈さを感じているということは自覚されていることになる。意識がたとえ活発にはなっていなくても、退屈さを紛らわすために行なう身体運動に伴う自己触発が生じている時には、退屈さを感じられる程度には意識は機能しているはずである。

しかし、この事例の前半で右肘をかいたり、腕をブラブラさせたり、身体の前や後ろで手を叩いたりしていた時のサクラちゃんは、ぼんやりとした表情で周りを見ていたことからすると、彼女の意識はまどろんでいたということが窺える。そうであるならば、この時のこれらの活動は、退屈さを紛らわすために意識的に行なわれているのではないであろう。

以上のことからすると、この時のサクラちゃんは、意識の次元では退屈さを感じていないにもかかわらず、退屈さが紛らわされるような行為を行なっていた、とみなせるのではないだろうか。つまり、意識が関与することなく、退屈さを紛らわすためにこれらの活動が身体の次元で、いわば自動的に生じたのではないだろうか。意識が関与する以前に、身体のある状態に対する身体それ自身の対応が生じた結果、この事例の場合には、先ほど述べたような行為が現われたのではないだろうか。

というのは、私たちの日常生活においても、意識が関与することなく、身体のある状態に対する身体自身の対応が生じることが、私たちの身体のごく自然なあり方だからである。例として次のことが挙げられる。多くのおとなは、寝ている時におねしょをすることはほとんどない。しかし本人は、寝ているあいだはおねしょをしないように、と意識しているわけでは決してない。そうであるにもかかわらず、おねしょをしないのは、意識は関与していなくても、おねしょをしないようにと、身体が身体自身を制御しているからである。同様にして、この事例の前半のサクラちゃんも、意識が退屈さを感じていたために腕をブラブラとさせたり、身体の前後で手を叩いたりといった行為を行なっていたわけではなく、身体が退屈さを感じていたために、意識が退屈さを感じる前に、意識に退屈さを感じさせないようにと、身体が身体自身を制御していたのではないだろうか。

また、ファントムや時間客観の現われにおいても、意識が関与することなく知覚野がファントムとなったり、それまでは背景の中に含まれていた物が主題的対象となったりする、ということが生じている。というのは、知覚野の中で何を時間客観として主題的対象とするかは意識が決定しているが、この決定によって時間客観となった物と自分との距離やその物の奥行き等を際立たせているのは、すなわち時間客観自体の現われ方を生み出しているのは、身体だからである。同様にして、以上で述べたような仕方で時間客観が際立たされている際の背景をファントムに留まらせているのも、やはり目や耳といった身体なのである。つまり、時間客観の現われとは異なる仕方でファントムを現われさせているのは、身体であって、意識自体はファントムの現われ方自体には関与していないのである。そのためこの場合にも、ファントムや時間客観の現われ方の違いは、意識によってではなく、目や耳という身体によって生み出されていることになり、身体によって生み出された主題的対象に意識が向けられる、ということが生じていることになる。すなわち、この場合にも、意識が関与する前に、身体の次元で、ファントムや時間客観の現われ方の違いが制御されているのである。

以上のことをふまえると、この事例の前半におけるサクラちゃんの活動は、何もすることのない身体の状態に対して、意識が関与しないままに、身体自身が自動的に対応していたことになる。この時のサクラちゃんの意識はまどろんでいたために、ファントムや時間客観の現われ方の違いだけではなく、腕をブラブラさせたり、身体の前後で手を叩いたりするといった活動にも彼女の意識は向けられておらず、これらの違いや活動は、いずれも彼女の身体自身によって制御されていたのであろう。

第5節の事例の時のサクラちゃんは、じっとしていることに退屈ささえ感じられず、まどろんだ表情で何もせずにただ座っていた。しかし、本節の事例におけるサクラちゃんは、前者のサクラちゃんの状態とは異なり、意識のレベルでは退屈さを感じていなくても、身体のレベルでは退屈さを感じ、退屈さを紛らわせるための活動を行なっていた。そのため、意識はまどろんでいる状態であっても、身体のあり方には第5節と第6節の事例とでは大きな違いがある、といえる。

以上3では、自己触発に伴う心地良さという観点から、本節の事例の子どものあり方を明らかにした。また、意識が関与しなくても、身体は身体自身の状態に応じた活動を行なうことがある、ということを解明した。こうしたことから、本節では、声の志向性や一対一の対話という観点から保育者の声を聞いている時の子どものあり方を明らかにすることができた。その結果、本節の事例におけるサクラちゃんの場合には、視覚野や聴覚野がファントムとなってはいても、だからといって彼女の意識が完全にまどろんでいるわけではなく、保育者の声に反応できるほどの敏感さをそなえていた、ということを解明し、第5節の事例におけるサクラちゃんのあり方との違いを示すことができた。

おわりに

本章では、現象学に基づきながら事例研究を行ない、個々の事例で生じていることを探ることによって、その時々の子どもの具体的なあり方を捉えることができたのではないだろうか。さらにその際、現象学を理論的背景とすることで、事例で記述されている子どもを取り巻いている雰囲気に自ら入り込みながら、その場の雰囲気を生きている子どものあり方を捉えた。このことによって、子どもと同じ場を生きながら、その子どものあり方を解明することができた。

こうした解明の結果、意識がまどろんでいる時は、意識は何ものにも向けられず、全く機能していないかのようなあり方をしていることが導かれた。つまり、意識が完全にまどろんでいる時には、何もしていない状態に対しても退屈さすら感じていなかったり、視覚や聴覚や触感覚の知覚野に意識が向けられず、それらがファントムとなっていたりする、ということを解明した。さらに、主としてある特定の一人の子どもがまどろんでいた時のあり方を捉えることで、同じ子どもであってもその時々で知覚野や感覚野の現われ方は異なり、意識がたとえまどろんでいても、まどろんでいる度合いが異なっている、ということを導きだすことができた。また、まどろんでいた意識が鮮明となり、活発な意識へと変化していく時のあり方も明らかにした。

本章では以上のことと同時に、こうした解明の過程で、現象学を理論的背景とすることにより、事例研究に基づいて現実的で具体的な一人ひとりの人間としての個々の子どものそのつどのあり方を捉えることの意義も、具体的に明らかにできた。

さらに、本章では事例研究を行なうことによって、個別的な事例の根底に潜んでいる普遍的な本質を解明した。第1節で示したように、個別の根底に潜んでいるのは本質であり、こうした本質は個別を超えた普遍性をそなえているのである。

さらにまた、本章では、事例に基づき、現象学という哲学に独特の言葉でもって事例における出来事や子どものあり方をパラフレーズしながら、上述したような解明を行なった。それゆえ、本章における解明の歩みは、やはり第1節で明らかにしたように、それまでは独創的であるため個別的でしかなかった哲学における思索の根底に潜む本質が、現実の個別において現われていることを示すことで、普遍的であることを示したことにもなる。事例研究とは、ある哲学のたんなる応用ではなく、事例研究自体がある思索の普遍性を保証するということを、ほぼすべての節で実証した。こうしたことにより本章は、現象学の応用ではなく、現象学を普遍的な学問にするための試みの一つでもあったことになるのではないか。

引用文献

Binswanger, L. 1947. *Ausgewählte Vorträge und Aufsäze, Band I*. Franke.『現象学的人間学』荻野恒一ほか訳, みすず書房 1967.

Claesges, U. 1964. *Edmund Husserls Theorie der Raumkonstitution*. Martinus Nijhoff.

榎沢良彦 2004.『生きられる保育空間』学文社.

Gadamer, H. - G. 1975. *Wahrheit und Methode*. J. C. B. Mohr (Paul Siebeck).『真理と方法 I』轡田収ほか訳, 法政大学出版局 1986.

Hegel, G. W. F. 1807. *Phänomenologie des Geistes*. Suhrkamp.『世界の大思想 1 ヘーゲル』樫山欽四郎訳, 河出書房新社 1973.

Husserl, E. 1952. *Ideen zu einer reinen Phänomenologie und phänomenologischen Philosophie Zweites Buch*. Martinus Nijhoff.『イーデン II - I』立松弘孝・別所良美共訳, みすず書房 2001.

Husserl, E. 1966. *Zur Phänomenologie des inneren Zeitbewusstseins* (1893 - 1917). Martinus Nijhoff.『内的時間意識の現象学』立松弘孝訳, みすず書房 1967.

木村敏 1975.『分裂病の現象学』弘文堂

Merleau - Ponty, M. 1945. *Phénoménologie de la perception*. Gallimard.『知覚の現象学 1』竹内芳郎・小木貞孝訳, みすず書房 1967.

Merleau - Ponty, M. 1953. Les relations avec autrui chez l'enfant, Res cours de Sorbonne. Centre de Documentation Universitaire.「幼児の対人関係」『眼と精神』滝浦静雄・木田元訳, みすず書房 1966.

Merleau - Ponty, M. 1960. *Signes*. Gallimard.『シーニュ 2』竹内芳郎ほか訳, みすず書房 1970.

Merleau - Ponty, M. 1964. *Le Visible et l'Invisible*. Gallimard.『見えるものと見えないもの』滝浦静雄・木田元訳, みすず書房 1989.

Nietzsche, F. W. 1956. Die Philosophie im tragischen Zeitalter der Griechen. *Friedrich Wilhelm Nietzsche Dritter Band*, Carl Hanser Verlag.「ギリシア人の悲劇時代における哲学」西尾幹二訳,『ニーチェ全集第二巻（第 I 期)』大河内了義ほか訳, 白水社 1980.

Sartre, J. - P. 1943. *L'être et le néant*. Gallimard.『存在と無 I』松浪信三郎訳, 人文書院 1956.

Schmitz, H. 1974. Das leibliche Befinden und die Gefühle. *Zeitschrift für philosophishe Forschung*, Nr.28.「身体の状態感と感情」武市明弘ほか訳,『現象学の根本問題』新田義弘ほか編, 晃洋書房 1978.

『新英和大辞典 第六版』竹林滋編者代表, 研究社 2002.

Waldenfels, B. 1971. *Das Zwischenreich des Dialogs*. Martinus Nijhoff.「対話の中間領域」山口一郎抄訳,『現象学の展望』新田義弘・村田純一編, 国文社 1986.

横井紘子 2016.「第4章 模倣と真似」,「第5章 本質の浮き彫り」,「第7章 乳児における遊びと現実」,「第12章 身体の動きと遊び」,「第13章 遊びにおける充実感」,『遊びのリアリティー』中田基昭編著, 新曜社 2016.

な行

は行

ま行

や行

ら行

索　引

著者紹介

中田　基昭（なかだ　もとあき）**【「はじめに」・「第１章」～「第３章」共著】**
1948 年　東京に生まれる
1980 年　東京大学大学院教育学研究科博士課程修了（教育学博士）
現　在　岡崎女子短期大学・特任教授、東京大学名誉教授
主要著書
『重症心身障害児の教育方法』（東京大学出版会 1984）、『授業の現象学』（東京大学出版会 1993）、『教育の現象学』（川島書店 1996）、『現象学から授業の世界へ』（東京大学出版会 1997）、『重障児の現象学』（編著、川島書店 2003）、『感受性を育む』（東京大学出版会 2008）、『現象学から探る豊かな授業』（編著、多賀出版 2010）、『表情の感受性』（東京大学出版会 2011）、『子どもの心を探る』（創元社 2011）、『家族と暮らせない子どもたち』（編著、新曜社 2011）、『子どもから学ぶ教育学』（東京大学出版会 2013）、『子育てと感受性』（創元社 2014）『遊びのリアリティー』（編著、新曜社 2016）

篠瀬　はるか（しのせ　はるか）**【「第１章」担当】**
1995 年　愛知県に生まれる
2017 年　岡崎女子大学子ども教育学部卒業
現　在　幸田町立深溝保育園・保育士

鈴木　志織（すずき　しおり）**【「第２章」担当】**
1995 年　愛知県に生まれる
2018 年　岡崎女子大学子ども教育学部卒業
現　在　（野場電工株式会社企業主導型）とよたキッズステーション吉原保育園・保育士

加藤　優花（かとう ゆうか）**【「第３章」担当】**
1996 年　愛知県に生まれる
2018 年　岡崎女子大学子ども教育学部 卒業
現　在　西尾市立三和保育園・保育士

新曜社

保育のまなざし
子どもをまるごととらえる現象学の視点

初版第1刷発行　2019年6月20日

編著者　中田基昭
著　者　篠瀬はるか
鈴木志織
加藤優花
発行者　塩浦　暲
発行所　株式会社　新曜社
101-0051　東京都千代田区神田神保町3－9
電話（03)3264-4973（代）・FAX（03)3239-2958
e-mail : info@shin-yo-sha.co.jp
URL : https://www.shin-yo-sha.co.jp

組　版　Katzen House
印　刷　新日本印刷
製　本　積信堂

© Motoaki Nakada, Haruka Shinose, Shiori Suzuki, Yuka Kato, 2019
Printed in Japan
ISBN978-4-7885-1639-7 C1037

新曜社の本

遊びのリアリティー
事例から読み解く子どもの豊かさと奥深さ
中田基昭 編著
大岩みちの・横井紘子 著
四六判260頁
本体2400円

家族と暮らせない子どもたち
児童福祉施設からの再出発
中田基昭 編著
大塚類・遠藤野ゆり 著
四六判232頁
本体2200円

あたりまえを疑え！
臨床教育学入門
遠藤野ゆり・大塚類 著
四六判200頁
本体1800円

親になれない親たち
子ども時代の原体験と、親発達の準備教育
斎藤嘉孝 著
四六判208頁
本体1900円

あたりまえの親子関係に気づくエピソード65
菅野幸恵 著
四六判192頁
本体1900円

こころが育つ環境をつくる
発達心理学からの提言
子安増生・仲 真紀子 編著
四六判288頁
本体2300円

発達をうながす教育心理学
大人はどうかかわったらいいのか
山岸明子 著
A5判224頁
本体2200円

子どもの養育に心理学がいえること
発達と家族環境
H・R・シャファー 著
無藤隆・佐藤恵理子 訳
A5判312頁
本体2800円

＊表示価格は消費税を含みません。